Printed in the United States
By Bookmasters

التدريب التربوي والأساليب
القيادية الحديثة وتطبيقاتها
التربوية

التدريب التربوي والأساليب القيادية الحديثة وتطبيقاتها التربوية

إعداد
الدكتور محمد قاسم مقابلة

2011م

رقم الإيداع لدى المكتبة الوطنية
(2010/6/2379)

371.2

مقابلة،محمد قاسم

التربية النفسية المهنية علم النفس المهني/ أحمد أحمد حرز الله._عمان:دار الشروق للنشر والتوزيع، 2010/6/2010

( )ص

ر.إ.: 2010/6/2379

الواصفات:التدريب العلمي // الإدارة التربوية/

● تم إعداد بيانات الفهرسة الأولية من قبل دائرة المكتبة الوطنية

يتحمل المؤلف كامل المسؤولية القانونية عن محتوى مصنفه ولا يعبر هذا المصنف عن رأي دائرة المكتبة الوطنية أو أي جهة حكومية أخرى

ISBN 978- 9957 - 00 -458-3

- التدريب التربوي والأساليب القيادية الحديثة وتطبيقاتها التربوية .
- تأليف محمد قاسم مقابلة .
- الطبعة العربية الأولى :الإصدار الأول 2011
- الاخراج الداخلي وتصميم الغلاف :دائرة الإنتاج /دار الشروق للنشر والتوزيع .

دار الشروق للنشر والتوزيع

هاتف :4624321/4618191/4618190 فاكس :4610065

ص.ب 926463 الرمز البريدي :11118 عمان - الأردن

Email : shorokjo@nol.com.jo

دار الشروق للنشر والتوزيع

رام الله - المصيون :نهاية شارع مستشفى رام الله

هاتف: 2975633-2991614-2975632 فاكس:02/2965319

Email:shorokpr@planet.com

الإهداء

أهدي هذا الجهد المتواضع إلى أهلي جميعاً لما قدموه من تعب وجهد وتضحية كما أهديه إلى كل من أحبوني وأحببتهم وإلى كل من قدم لي المساعدة.

د. محمد قاسم مقابلة

المحتويات

المقدمة

يعد التدريب من أحد الموضوعات المهمة في المنظمات كافة سواءاً كانت هذه المنظمات عامة أو خاصة، فالتدريب بشكل عام جهد مخطط له يعمل على تزويد القوى البشرية بالمهارات والمعلومات اللازمة لتحسين الأداء وذلك بإحداث تغيير إيجابي في سلوك الأفراد واتجاهاتهم نحو العمل.

ولا شك في أن تدريب المعلمين يعتبر شرطاً أساسياً ولازماً من أجل إنجاح العملية التربوية وتحقيق أهدافها حيث يقوم التدريب على تنمية المعلمين مهنياً وتزويدهم بمعارف ومهارات واتجاهات جديدة وإيجابية نحو مهنة التعليم.

ولقد جاء هذا الكتاب في أربعة فصول:- تناول الفصل الأول التدريب بشكل عام من حيث مفهومه وتعريفاته وأهدافه ومجالاته وأنواعه ومراحله وطرق تقييمه، بينما تطرق الفصل الثاني إلى برامج التدريب التربوي في وزارة التربية والتعليم في الأردن من حيث مراحل تطور التدريب للمعلمين وأسباب الاهتمام بتدريب المعلمين ومراحل خطط تنفيذ تدريب المعلمين أثناء الخدمة في وزارة التربية والتعليم وأهداف البرامج التدريبية التي تعقدها وزارة التربية والتعليم في الأردن والفئات المستهدفة في تنفيذه، وتقييم البرامج التدريبية للمعلمين. وأسس التدريب التربوي في وزارة التربية والتعليم في الأردن. وتناول الفصل الثالث السياسات التربوية في وزارة التربية والتعليم في الأردن والأهداف العامة للتربية ومبادئ السياسة والتربوية والإستراتيجية الوطنية للتعليم. وتطرق الفصل أيضا إلى تطوير التعليم نحو الاقتصاد المعرفي واستراتيجيات التدريس وكذلك التقويم وأدواته. أما الفصل الرابع فقد تناول القيادة التربوية من حيث مفهومها ووظائفها ودور نظم المعلومات الإدارية في العملية الإدارية، وخصائص القيادة التربوية ومتطلباتها وأنماط القيادة، كما تطرق الفصل الأخير لنظريات القيادة وتطبيقاتها التربوية.

وإننا إذ نأمل أن يساهم هذا الكتاب في توضيح بعض جوانب التدريب بشكل عام والتدريب التربوي بشكل خاص والأساليب القيادية الفعالة، لنرجو أن تصدر المزيد من الكتب حول التدريب وغيره من الموضوعات التربوية والتي تمثل أولويات خاصة في تنمية وإنجاح العملية التربوية.

وفقنا الله في خدمة أمتنا وأجيالنا

المؤلف

الفصل الأول

التدريب

مفهومه تعريفاته وأنواعه وتقييمه

التدريب: مفهومه وتعريفاته

يعد التدريب وسيلة مهمة للفرد يتم من خلاله إعطاء الأفراد الفرصة الكاملة لاكتساب المعلومات، والمعارف، والمهارات، والأفكار، والاتجاهات من أجل القيام بالأعمال المطلوبة منهم بكفاءة وفعالية، وقد يكون التدريب قبل وأثناء وبعد دخول الخدمة في العمل.

ويعد اتباع سياسة تدريب العاملين من أكثر الوسائل فاعلية في تنمية القوى البشرية، فهو نشاط هادف ومخطط له يهدف إلى قيام الفرد بعمله بكفاءة وإنتاجية عالية.

اشتق الفعل "يدرب" "To Train" من كلمة فرنسية قديمة هي "Trainer" وتعني "To Drag". وهناك العديد من التعريفات للفعل "يدرب" منها: يسحب، ينمو بطريقة مرجوة، التمرين بالممارسة... الخ. وفي غالب الأحيان يرتبط التدريب الفعال أساساً بنمو المشكلات ومحاولة استخدام الوسائل العلمية لحلها. والمدرب مثله مثل الطبيب والمدير، محاط بعمليات قائمة وحية. فكلمة "طبيب" على سبيل المثال مشتقة من الكلمة اللاتينية "Docere" ومعناها "يعلم" لذا فأصل كلمة طبيب تعني "معلم" وحتى كلمة مدير "Manager" فهي تعني "يدرب بالتمرين". (David, 1968: 125- 126)

ولقد تعدد مفهوم التدريب في العديد من الكتب والمؤلفات إلا أن هذه التعريفات تسير في خط واحد. بحيث ينظر إلى التدريب على أنه عملية منظمة ومستمرة يهدف إلى تزويد وإكساب الفرد معارف ومهارات وقدرات جديدة لتغيير سلوكه واتجاهاته بشكل إيجابي.

وهناك تعريفات متعددة للتدريب نذكر منها أن التدريب هو: "الجهد المنظم والمخطط له لتزويد القوى البشرية في الجهاز الإداري بمعارف معينة وتحسين وتطوير مهاراتها وقدراتها، وتغير سلوكها واتجاهاتها بشكل إيجابي بناء". (درة، 1991: 8)

ويعرف القريوتي التدريب على أنه:"زيادة المهارات والمعارف المحددة في مجالات معينة، وكذلك محاولة زيادة وعي المتدربين بأهداف المؤسسة التي يعملون بها". (القريوتي، 1990: 153)

وهناك تعريف من نشرة الأمم المتحدة مفاده أن التدريب: "عملية تبادلية لتعليم وتعلم مجموعة من المعارف والأساليب المتعلقة بالعمل، وهو نشاط لنقل المعرفة إلى مجموعات من الأفراد، يعتقد بأنها مفيدة لهم، ويقوم المدربون بالمساعدة على صقل مهارات المتدربين." (ديباجة، 1994: 19)

وقد عّرف ياغي التدريب على أنه "عملية تعليم المعرفة وتعلم الأساليب المتطورة لأداء العمل وذلك بإحداث تغييرات في سلوك وعادات ومعرفة ومهارات وقدرات الأفراد اللازمة في أداء عملهم من أجل الوصول إلى أهدافهم وأهداف المنظمة التي يعملون بها على السواء". (ياغي، 1986: 6)

وهناك من عرف التدريب على أنه: "إكساب المتدرب المهارات اللازمة لممارسة عمل أو مهنة ما بكفاءة. وهو وسيلة لا غاية، نوعية لا كمية، نهايته رفع مستوى الأداء لا الدخل والارتقاء بالقدرات لا المؤهلات". (عسكر، 1994: 103)

ونخلص من هذه التعريفات إلى الحقائق التالية:

1. إن التدريب هو عملية تعديل إيجابي في سلوك الفرد وإكسابه المعارف والخبرات والمهارات التي يحتاجها في عمله.
2. إن التدريب يتم من خلاله نقل للمعرفة وتطوير للمهارات.
3. إن التدريب عبارة عن نشاط مخطط ومنظم يتم فيه نقل المعرفة لدى الأفراد.
4. إن التدريب عملية منظمة ومستمرة خلال حياة الإنسان تبدأ منذ ولادته وتستمر حتى آخر حياته وفقاً لاحتياجاته كفرد واحتياجاته كعضو في المجتمع الذي يعيش فيه وإن التدريب يعمل على إحداث تغييرات في أنماط السلوك خلال تعريف الفرد لوسائل تدريبية متطورة وفاعلة.
5. إن الكفاءة التدريبية ترتبط بالمدرب والمتدرب والمنهج التدريبي ووسائل التدريب وأدواته.

أهداف التدريب

تختلف أهداف التدريب وذلك حسب طبيعة التدريب ونوعية المتدربين وثقافاتهم ومدة التدريب ومكانه، وبشكل عام ترمي أهداف التدريب إلى زيادة المعلومات للمشاركين أو تنمية مهاراتهم وقدراتهم أو تطوير اتجاهاتهم أو إليها جميعاً.

وتعتبر أهداف التدريب الغايات التي يسعى التدريب إلى تحقيقها وهي عبارة عن نتائج يجري تصميمها وإقرارها قبل البدء في عملية التدريب. فالخطوة المهمة هي تحديد الهدف (أو الأهداف) من التدريب ويقود ذلك إلى فهم الأساليب والوسائل التي يتم من خلالها الوصول على هذه الأهداف، وإذا لم نتمكن من تحديد الهدف من التدريب فإن التدريب يصبح عملية فاشلة وهدراً للمال والوقت.

ويذكر ياغي من أهداف التدريب ما يلي:

- يساعد التدريب على تحسين مستوى أداء أفراد التنظيم وهذا يؤدي بالتالي إلى رفع الكفاءة الإدارية والإنتاجية.
- يعمل التدريب على تنمية معرفة أفراد التنظيم (مثل: معرفة تاريخ المنظمة وتنظيم سياساتها وأهدافها ونظم وإجراءات العمل فيها) ومهاراتهم وقدراتهم (مثل: المهارات الإدارية من تخطيط وتنظيم وتنسيق ورقابة والقدرة على اتخاذ القرارات وتنمية الشعور بالمسؤولية) واتجاهاتهم (مثل: الاتجاه لتنمية الرغبة إلى العمل والتعاون مع الزملاء والرؤساء) في مجالات أعمالهم.
- يحاول التدريب تغيير سلوك الأفراد لسد الثغرة بين الأداء الفعلي والأداء المرجو تحقيقه. (ياغي، 1986: 9).

ويشير عليمات وياغي إلى أن أهداف التدريب هي:

- أهداف تدريبية لحل المشكلات، وتهتم عادة بالبحث عن حلول لمشكلات تواجه أفراد أو جماعات التنظيم.
- أهداف تدريبية ابتكاريه، وتهتم هذه البرامج بتحقيق أهداف غير عادية وترفع الأداء نحو مجالات لم يسبق الوصول إليها.
- الأهداف الشخصية، وهي تلك الأهداف التي يرغب الأفراد في تحقيقها من أجل ترفيع أو ترقية أو توكيد الذات. (عليمات، ياغي، 1991: 11)

فوائد التدريب

يشير الخطيب والعنزي إلى أن من فوائد التدريب ما يلي:-

1- رفع الروح المعنوية للعاملين بعد إلمامهم الجيد بأعمالهم وزيادة قدرة الشخص على الأداء وتحقيق ذاتهم من خلال رضاهم عن أنفسهم وأعمالهم.

2- تمويل المؤسسة بالكفاءات البشرية بشكل مستمر عن طريق تحسين عناصرها لتقاس مع المتطلبات القائمة.

3- تخفيض النفقات جراء زيادة الخبرات ومستويات الأداء.

4- غرس أخلاقيات عمل وسلوكيات جديدة وطرق من التفكير السليم الأمر الذي يخلق مناخاً جيداً من العمل.

5- رفع الإنتاجية بعد زيادة صقل مهارات وقدرات العاملين وتحسين الأداء.

وتتكون عملية التدريب من العناصر التالية:

أ- المتدرب:- إن من العوامل التي تؤدي إلى نجاح التدريب هو وجود متدرب مقتنع بأهداف التدريب وبحاجته إليه، حيث يعتبر المتدرب هو أساس العملية التدريبية ومحورها.

ب- المدرب:- وهو ذلك الشخص المسؤول عن إعداد واختيار المادة العلمية المناسبة، لذلك من المهم اختيار المدرب المناسب القادر على استخدام وسائل التدريب وأساليبه المتنوعة.

جـ - المادة العلمية:- وتكون ضمن محتويات حقيبة التدريب، وقد تكون على شكل مادة نظرية أو جانب عملي تطبيقي. (الخطيب، والعنزي، 2008: 161)

معوقات التدريب

قد تواجه العملية التدريبية العديد من المشكلات التي قد لا يستطيع التدريب إيجاد حلول مناسبة لها منها:-

1- عدم تحديد الاختصاصات وتوزيع المسؤوليات بين الأفراد.

2- غياب السياسات التي ترشد العمل وتوجه اتخاذ القرارات وتعتبر أساساً يعتمد عليها الأفراد في مواجهة ما يعترضهم من مشكلات.

3- ضعف الروح المعنوية للعاملين بسبب نقص الأجوبة أو سوء معاملة المشرفين لهم أو منازعات الأفراد مع بعضهم البعض.

4- سوء التخطيط أو انعدامه على بيانات غير صحيحة أو توقعات مبالغ فيها.

وقد تكون العوائق ناشئة عن:

- نقص في مهارات الفرد وقدراته لتأدية العمل.

- نقص في معلومات الفرد عن العمل.

- عدم تناسب مفاهيم وسلوك الفرد مع متطلبات العمل. (الخطيب والعنزي، 2008: 158- 159)

أنواع التدريب ومجالاته

يمكن تصنيف أنواع التدريب الإداري كالآتي:-

1 - التدريب حسب الزمن ويشمل هذا النوع من التدريب:

أ- التدريب قبل الالتحاق بالعمل Pre- Entry Training ويمكن أن يشمل التدريب التوجيهي والتدريب على العمل.

ب- التدريب أثناء الخدمة In- Service Training ويمكن أن يشمل كل من التدريب على العمل والتدريب خارج العمل.

2- التدريب حسب المكان ويشمل:-

أ - التدريب داخل المنظمة ويتضمن التدريب على العمل (On- the job Training).

ب - التدريب خارج المنظمة ويتضمن التدريب خارج العمل (Off- the job Training).

3- التدريب حسب الهدف ويشمل هذا النوع من التدريب:-

أ - التدريب لتجديد المعلومات.

ب - تدريب المهارات.

جـ -التدريب السلوكي.

د - التدريب للترقية.

وهناك تقسيم آخر لأنواع التدريب للدكتور الزيادي، فقد أشار بأن هناك أنواعاً مختلفة من التدريب، فقد يكون التدريب للتأهيل للعمل عند بداية التعيين، ويهدف

هذا النوع إلى تعريف المتدرب بأهم معالم الوظيفية أو الحرفة التي يقوم بها وإعطائه صورة واضحة عن التركيب الوظيفي للمنظمة التي يعمل بها، وقد يكون التدريب للتنمية في الوظيفة نفسها وقد يكون أيضاً تدريباً للتخصص في مجال العمل، وقد يكون التدريب بمناسبة تغيير ظروف العمل بالمنظمة أو عند استخدام أساليب ونظم عمل جديدة، فعندها تتغير ظروف العمل وقد تتم تلك الأنواع من التدريب إما بالتدريب داخل مكان العمل أو بالتدريب خارج مكان العمل بمراكز التدريب المختلفة. (الزيادي، 1992: 170)

ويذكر صالح تقسيمات أخرى للتدريب، حيث يختلف نوع التدريب باختلاف المدة الزمنية وبنوعية أفراد التدريب وكذلك من حيث المحتوى والمستوى الوظيفي.

أ. التدريب حسب المدة الزمنية ويقسم هذا النوع إلى قسمين:

1- التدريب قصير الأجل ويستغرق من أسبوع إلى ستة أسابيع.

2- التدريب طويل الأجل وفيه تصل الفترة إلى سنة كاملة أو أكثر.

ب. نوعية أفراد التدريب: وهم نوعان من المتدربين:

1- تدريب فردي، وذلك لتطوير مهارات وقدرات الفرد المتدرب الذي يمكن ترقيته إلى وظيفة جديدة.

2- تدريب جماعي, حيث يصل تدريب مجموعة من المتدربين في آن واحد كالمجموعات التي تتدرب في مراكز تدريب متخصصة.

جـ - التدريب من حيث المحتوى والمستوى الوظيفي:

وينقسم هذا النوع من التدريب إلى أنواع عدة:

1- التدريب الإشرافي، الذي يهدف إلى زيادة قدرات الفرد في الإشراف والتعامل مع المرؤوسين لزيادة رضاهم.

2- التدريب التخصصي، ويهدف إلى زيادة معلومات وقدرات الفرد المتدرب في نطاق محدود ووظيفة معينة لأداء عمل معين.

3- التدريب الإرشادي والتثقيفي، ويشمل هذا النوع في حالة الموظفين الجدد أو المنقولين إلى وظائف جديدة لتعريفهم بالظروف الجديدة للعمل.

4- التدريب المهني، مثل تدريب مهنة معينة كالسكرتارية والطباعة.

5- تدريب الإداريين، وذلك لتنمية مهاراتهم وقدراتهم القيادية. (صالح،94،1995 - 96)

وللتدريب أنواع حسب أساليب تدريب الأفراد وهي:

1- التدريب قبل العمل مثل ابتعاث أشخاص للدراسة(الإعداد).

2- التدريب أثناء العمل.

3- التدريب في مراكز التدريب الخاصة.

4- التدريب المهني أو التلمذة المهنية.

5- التدريب بواسطة البرامج الخاصة. (الفارس،1982: 147)

مراحل التدريب

تكمن مراحل عملية التدريب في أربع خطوات:

أ- الخطوة الأولى/ البحث:- وتشتمل على تحديد مصادر التدريب المتاحة ووسائله وأساليبه،ومناهجه وأنماطه،كما يتضمن حصر واختيار المواد المنشورة والمطبوعة.

ب- الخطوة الثانية/التحليل:- ويشمل تحديد الاحتياجات التدريبية،والسلوك والأداء المستهدف، والأعمال التي صمم من أجلها التدريب والتكاليف والمتدربين والمستهدفين وتحديد معايير التدريب، والجدوى الاقتصادية، والجدول الزمني لخطة التدريب.

ج- الخطوة الثالثة/التصميم:- وتشمل وضع خطة للتدريب، وإعداد منهاج التدريب،واختيار أساليب التدريب المناسبة واختيار الاستراتيجيات والوسائل التي يجب استخدامها ليلائم معايير خطة التدريب.

د- الخطوة الرابعة/ التنفيذ:- وتشمل إدارة الفعاليات التدريبية بكفاءة والمحافظة على نظام التدريب،وتنسيق ومراقبة سير التدريب،وإعداد التقارير عن سير التدريب وعن المتدربين وحفظ السجلات الضرورية.

هـ - الخطوة الأخيرة/التقيم: وتشمل تقييم الأداء التدريبي،أي تقييم فاعلية البرامج وتقييم المتدربين والمدربين وأهداف التدريب وأساليبه. (دويك، 1985: 7- 8)

وتُصنَّف مراحل العملية التدريبية إلى خمس مراحل:-

1- تحديد الاحتياجات التدريبية.

2- تحديد الأهداف التدريبية.

3- تصميم البرامج التدريبية.

4- تنفيذ البرامج التدريبية.

5- تقويم البرامج التدريبية.

المرحلة الأولى: تحديد الاحتياجاتTraining Needs

لقد عرَّف الخطيب والخطيب الاحتياجات التدريبية على أنها معلومات أو مهارات أو اتجاهات أو قدرات أو سلوكيات يراد تنميتها إما بسبب تغيرات تنظيمية أو تكنولوجية أو لمقابلة تطورات مستجدة لحل مشكلات متوقعة. (الخطيب،الخطيب1997)

إن تحديد الاحتياجات التدريبية يعتبر المرحلة المهمة حيث من خلالها يتم تحديد الفجوة بين الأداء الحالي ومستوى الأداء المرغوب وبالتالي يعود بالنفع والفائدة على الأداء وبالتالي زيادة الكفاءة وتوفير المال والجهد والوقت.

ولقد عرف صادق (1993) الاحتياجات التدريبية على أنها مجموعة من التغيرات والتطورات المطلوب إحداثها من مهارات وسلوكيات لرفع كفاءة العاملين وفقا لمتطلبات العمل بما يساعد في التغلب على المشكلات التي تعترض سير العمل في المنظمة، ويسهم في تطوير الأداء. (صادق، 1993)

المرحلة الثانية: تحديد الأهداف التدريبية

لقد أشار الهيتي إلى أن هذه المرحلة يتم من خلالها ترجمة الاحتياجات التي تم تحديدها في المرحلة الأولى إلى أهداف كمية ونوعية محددة وتنظيمية .

ما الذي ينبغي على المتدرب اكتسابه؟

- إكساب المتدرب مهارات جديدة في مجال تخصصه لتطوره.

- تطوير سلوكيات المتدرب وإكسابه قيما واتجاهات جديدة.

- تنمية معلومات المتدرب وذلك بتزويده بالمعلومات والمعارف والموضوعات لتحسين أدائه.
- إمداد المتدرب بمهارات معينة لتوفير القدرة على أداء أعمال مستقبلية.
- إمداد المتدرب بمعلومات ومهارات جديدة لمساعدته على أداء عمله الحالي بكفاءة أفضل. (الهيتي،1999)

المرحلة الثالثة: تصميم البرنامج التدريبي

لقد أشار حطاب وميسر إلى أن تصميم البرنامج التدريبي يتطلب الأمور التالية:

- تحديد أهداف البرنامج التدريبي من خلال توضيح الإجراءات والأهداف الواجب اتباعها وتعتبر تحديد أهداف التدريب هي الخطوة الأولى في مجال تصميم البرنامج التدريبي.
- تحديد مفردات التدريب من خلال تحديد موضوعات التدريب وهل هي مناسبة لمستوى المشاركين وطبيعة وظائفهم.
- تحديد الأساليب التدريبية الملائمة لتلك الطرائق المستخدمة في توصيل المعلومات وإكساب المهارات وتغيير الاتجاهات للمتدربين.
- تحديد مكان البرنامج التدريبي وزمانه حيث يتم تحديد الوقت اللازم للتدريب ومدى مناسبته للمتدربين وقرب مكان انعقاد برنامج التدريب بالنسبة للمتدربين وتوفر المواصلات والأجهزة اللازمة.
- اختيار المدربين الذين يقومون بتنفيذ البرنامج التدريبي، حيث يلزم أن تتوفر في المدربين الصفات الشخصية كالحماس والقدرة على اتخاذ القرار والاتزان وكذلك القدرة على إدارة جلسات التدريب والقيادة والإلمام الجيد بالمادة التدريبية. (حطاب وميسر، 1992)

المرحلة الرابعة: تنفيذ البرنامج التدريبي

بعد الانتهاء من مرحلة التصميم تأتي مرحلة تنفيذ البرنامج التدريبي ولقد صنف (الطعاني، 2002) العمليات في مرحلة التنفيذ إلى ثلاث مجموعات:

1. قبل تنفيذ البرنامج التدريبي، حيث يتم من خلالها الأمور التالية:
- تحديد مكان التدريب.
- اختيار المدربين
- تهيئة الأمور الفنية كالمقاعد والتدفئة والأثاث.
- إعداد جدول البرنامج التدريبي.

2. أثناء تنفيذ البرنامج التدريبي:
- تعريف المتدربين بالبرنامج التدريبي والمدربين.
- متابعة دوام المشاركين.
- توزيع استمارات التقويم اليومي والنهائي.
- إعداد شهادات للمتدربين.

3. بعد تنفيذ البرنامج التدريبي وتشمل:
- إعداد تقرير بالبرنامج التدريبي
- الانتهاء من تقويم المتدربين
- تصحيح الاختبارات للمتدربين وإعداد النتائج
- حفظ الوثائق الخاصة بالبرنامج. (الطعاني، 2002)

المرحلة الخامسة: تقويم البرنامج التدريبي

تعتبر أهم مرحلة من مراحل العملية التدريبية حيث من خلالها يتم التعرف على المعارف والمهارات والاتجاهات التي اكتسبها المتدربون خلال فترة التدريب ويتم التأكد من مدى تحقق أهداف التدريب، ولقد عرّف جون باتريك (John Patrick) التقويم على أنه ذلك الجهد المبذول للحصول على معلومات تتعلق بقيمة التدريب من أجل اتخاذ قرارات تتعلق بالبرنامج التدريبي. (John Patrick, 1992)

إن التقويم عبارة عن عملية مخططة تهدف إلى التحسين والتطوير وتعمل على جمع المعلومات من أجل إصدار حكم على البرنامج التدريبي ومدى فاعليته وعن مستوى المتدربين والمدربين. (موسى، 1997)

ولقد أشار (الطعاني، 2002) إلى مجالات التقويم للبرنامج التدريبي حيث تمر مراحل التقويم بثلاثة مراحل:

أ. التقويم قبل تنفيذ البرنامج التدريبي وذلك من أجل التأكد من مدى ملاءمة الوسائل والأنشطة اللازمة لتنفيذ أهداف التدريب.

ب. التقويم أثناء تنفيذ البرنامج التدريبي حيث تهدف إلى التأكد من أن البرنامج يسير وفق ما هو مخطط له، وكذلك تجنب الجوانب السلبية وتعزيز الجوانب الإيجابية.

جـ . التقويم بعد تنفيذ البرنامج التدريبي حيث تهدف مرحلة التقويم للبرنامج إلى التأكد من مدى تحقيق الأهداف التي وضعت للبرنامج التدريبي ومدى مساهمة البرنامج التدريبي في إكساب المتدربين المهارات والمعارف والاتجاهات. (الطعاني، 2002)

تقييم فاعلية التدريب

لقد جرت محاولات عدة لتعريف مصطلح " تقييم" وقد بين ستفلبيم ورفاقه Stufflebeam and others أن هناك تعريفاً قد اعتبر التقييم هو القياس، ففي فترة تأثير أصحاب المدرسة السلوكية، تم تطوير العديد من الاختبارات المقننة لقياس تحصيل التلاميذ وقياس تكيفهم وشخصيتهم. (الطويل، 1986: 350)

وهناك تعريف آخر يرى أن تقييم البرنامج هو تلك العملية التي يتم فيها تعين المعلومات وتعريفها وجمعها وتحليلها وتفسيرها عن جوانب محددة واستخدام تلك المعلومات للوصول إلى أحكام قيمية تتعلق بتجهيز برنامج ما أو استمراره أو تعديله أو إنهائه. (Engene, 1980: 434)

ولقد قدم معهد الدراسات الحضرية الأمريكية تعريفاً يقول فيه: إن عملية تقييم البرامج تشمل على: تحديد فاعلية برنامج معين ومستمر، والتحقق من المدى الذي يحقق به هذا البرنامج أهدافه معتمداً على مبادئ البحث العلمي، ونماذجه لتمييز الآثار المباشرة للبرنامج والتي قد تكون نتيجة لمؤثرات أخرى غير البرنامج واستناداً إلى ذلك تحاول عملية التقييم تحسين أداء البرامج عن طريق تعديل بعض عناصر البرامج. (الحسين، 1994: 130)

وقد ميز سكرفن (Scriven) بين نوعين من التقييم هما:

- التقييم التكويني Formatine
- التقييم المحصلي Summatine

يتم حدوث التقييم التكويني أثناء تطوير برنامج معين أو تحسينه. ويهدف هذا التقييم إلى خدمة الهيئة العاملة في البرنامج وتتم الاستفادة من التغذية الراجعة لنتائج التقييم لكي تستخدم في تحسينه. أما التقييم المحصلي فيتم إجراؤه بعد انتهاء البرنامج، وغالباً ما يكون لخدمة مراقب القرار أو صانعه أو لخدمة جهة أخرى خارجة عن النظام. ويمكن أن يتم هذا التقييم من قبل جماعة من داخل البرنامج أو من خارجه أو مزيج منهما ولكن من الأفضل أن يتمَّ التقييم من خارج البرنامج ضماناً لموثوقية النتائج. (الطويل، مرجع سابق:350-352)

إن تقييم الموظفين المنتسبين للدورة التدريبية كدارسين هو أهم أنواع التقييم في ميدان التدريب وأكثرها خطورة، ويجب ملاحظة ما يلي عند إجراء أي تقييم لبرنامج التدريب عن طريق المتدربين:-

- دوام الدارسين طيلة المدة المحددة للدورة التدريبية وعدم التأخر أو الغياب.
- سوية سلوك الدارسين أثناء المحاضرات والدروس والمناقشة- محافظتهم على النظام.
- الرغبة التي يبديها الدارسون في الاستماع إلى المحاضرات والدروس.
- عرض المشكلات المتصلة بمواضيع المحاضرات أو الدروس في الوقت المناسب
- معرفة آراء الدارسين حول برنامج التدريب.
- معرفة آراء الدارسين حول كيفية تحسين البرنامج وتطويره ضمن الإمكانات المتاحة.
- انطباعات الدارسين بشكل عام عن برنامج التدريب وطريقة تنفيذه. (جميعان،1969: 428، 430)

يعتبر تقيم التدريب كأي وظيفة أو مهمة في مجال تخطيط النشاط التدريبي، إذ لا بد أن يتم تحديد مدى فعالية التدريب بما في ذلك وجود برنامج للتدريب وهيئة قائمة على تنفيذه والإشراف عليه، ومؤشرات على أن عملية التعليم تسير بالشكل المطلوب، وأن أهداف التدريب ستتحقق في نهاية الفترة الموضوعة للبرنامج.

وتقاس فاعلية البرامج التدريبية بما تحققه من تغيير معين بالنسبة للفرد وللمنظمة ومن المقاييس الأكثر شيوعاً هي: رد فعل المشتركين في برنامج التدريب، التعلم، السلوك، والنتائج. (زويلف،1988: 294- 299)

أولاً: رد فعل المشتركين في برنامج التدريب

يقصد بردود الأفعال Reaction درجة استجابة المتدربين وإدراكهم للبرنامج والأنشطة التدريبية ويمكن استخدام رد فعل المشتركين لتقييم البرنامج التدريبي بطرق منها:

أ. الاستبانة:- وهي عبارة عن أسئلة توجه إلى الأفراد المشاركين في البرنامج التدريبي لمعرفة آرائهم وتقويم برنامجهم.

ب. المقابلة:- وتهدف لاستطلاع آراء المشاركين في البرنامج التدريبي عن قيمته وفائدته.

ولقد أشار الفضلى إلى أن (بيرغر Berger) اعتمد برنامجاً مكثفاً لفعالية التدريب الإداري واعتمد التقييم بصورة أساسية على مقابلات مكثفة مع المتدربين ورؤسائهم المباشرين قبل وبعد تنفيذ البرنامج التدريبي وتوصل إلى ما يلي:-

- تزداد عملية نقل المعارف والمهارات كلما توافرت مجموعة من العوامل أهمها وجود أهداف واضحة للبرنامج التدريبي، وللفرد المشارك ووجود بيئة عمل تشجع الاستقلالية في التفكير والإبداع.

- تزداد فعالية برامج التدريب كلما اقتربت وعكست فعلياً واقع المهام التي يمارسها المتدرب. (الفضلى، مرجع سابق: 651)

ثانياً: التعلم Learning

ويقصد به درجة استفادة المتدرب من البرنامج التدريبي من خلال زيادة المعارف والمهارات، والخبرات، وتعديل الاتجاهات. (توفيق، 1996: 340)

ثالثاً: السلوك Behavior

يقيس سلوك الفرد أثناء العمل، ويتم القياس هنا بمقارنة التغير في سلوك الفرد عما كان عليه هذا السلوك قبل تنفيذ برنامج التدريب. (الفارس، 1982: 153)

ويمكن أن يقيس التغيير في سلوك الفرد في العمل، رئيسه المباشر أو زملاؤه في العمل أو مرؤوسيه المباشرين أو الفرد نفسه. (زويلف، مرجع سابق: 296)

رابعاً: النتائج Results

ويقصد بها أثر التدريب على المؤسسة، وتقاس فاعليه التدريب هنا بآثاره على النتائج التنظيمية وذلك بقياس عائد التدريب بالنسبة لأهداف المنظمة.

ومن مقاييس نواتج الأداء التنظيمي:

أ- الزيادة في الإنتاج.

ب- امتلاك التالف.

جـ - معدل التناقص في الحوادث.

د- قلة في النفقات.

و- تحسين جودة المنتج. (زويلف، مرجع سابق: 297- 299)

ومن أجل تقديم تدريبا أكثر فاعلية،فإن الأمر يتطلب تحديدا فعليا للاحتياجات التدريبية في كل جهاز حكومي ويتم ذلك عن طريق وضع خطة بنوعية التدريب المطلوب والأعداد المطلوب تدريبها، والمدة الزمنية اللازمة لتنفيذ البرنامج التدريبي المطلوب، ومكان التدريب، وتحديد مستوى المدربين، ويكمن الضعف هنا في عدم وجود إدارات للتدريب في الكثير من الوزارات من اجل مساعدة معاهد الإدارة في تحديد الاحتياجات التدريبية.

ومن المبادئ العامة في عملية التدريب ضرورة ربط حضور الدورات التدريبية بحوافز معنية لتشجيع المتدربين على الحضور والمشاركة واجتيازهم الدورات بنجاح وفرص الترقي في الوظائف. (الفريوتي، مرجع سابق، 154)

ويعتبر الحافز شيئاً لا غنى عنه في المؤسسات، وهناك خلط بين مفهوم الدوافع والحوافز، فالدوافع عبارة عن قوى داخلية تحرك الفرد نحو المزيد من العطاء والإنتاجية بينما الحوافز تتم من خلال مؤثرات خارجية تشجع الفرد وتحفزه نحو المزيد من العطاء

ويمكن تعريف الحوافز على أنها مجموعة الظروف التي تتوافر في جو العمل وتشبع رغبات الأفراد التي يسعون لإشباعها عن طريق العمل. (الزعبي، عبيدات،1997:161)

ويمكن تقسيم الحوافز من حيث طبيعتها إلى:

1- الحوافز المادية: وتكون على شكل دعم مادي، أو زيادة في الأجر أو أجور إضافية وتكون على شكلين:

أ- حوافز نقدية/ وهي عبارة عن مبلغ نقدي يقدم للعامل.

ب- الحوافز العينية/ وهي تقديم شيء مادي غير النقد للعامل، كتقديم جزء مما تنتجه للعاملين أو تقديم أشياء عينية للعاملين.

2- الحوافز المعنوية: وتكون على شكل كتب شكر وثناء أو على شكل شهادات تقدير أو على شكل أوسمة وميداليات.

3- الحوافز المادية والمعنوية في آن واحد ومن أمثلتها الترقية التي في الغالب يصاحبها زيادة في الراتب أو الأجر أو النقل إلى وظيفة أهم مع زيادة في الأجر. (الزعبي، عبيدات، 1997: 162، 163)

البرنامج التدريبي: مفهومه وتعريفاته

لقد تعددت تعريفات البرنامج التدريبي نذكر منها:

البرنامج التدريبي هو مجموعة من النشاطات المخططة والمنظمة وتتضمن بناء أو تطوير موقف تعليمي أو تدريبي في ضوء أهدافه، ومعطياته، ومحدداته، وترمي إلى تطوير أداء المتدربين، وإكسابهم مجموعة كفايات قيادية مختلفة، بحيث يتضمن الأهداف والمحتوى والأساليب التدريبية، والمستلزمات المادية والبشرية وأساليب المتابعة، والتقويم التي تضمن تنفيذه، وتحقق أهدافه بكفاءة وفاعلية. (الحيالي، 1997:16).

ويعرفه المنصور بأنه مجموعة المعارف والخبرات، والمهارات والقدرات المنظمة، التي سوف تقدم لرؤساء الأقسام العلمية في كليات الجامعات بقصد تنمية وتطوير كفاياتهم الإدارية بطرائق منهجية وعلمية هادفة وبما يمكنهم مستقبلا من تحقيق أهداف القسم العلمي بكفاءة وفاعلية. (المنصور، 1999:15)

وهو مجموعة من النشاطات المنظمة، والمخططة التي تهدف إلى تطوير معارف وخبرات، واتجاهات المتدربين وتساعدهم على تجديد معلوماتهم، ورفع كفاءتهم الإنتاجية، وحل مشكلاتهم وتطوير أدائهم في عملهم. (food, 1973, 294)

وهو ذلك النشاط الذي يهدف إلى اكتساب المعرفة والمهارة والسلوك التنافسي- على المستوى المحلي والعالمي، آخذا في الاعتبار القياس الدقيق للمعرفة، والمهارة والسلوك قبل التدريب، وبعده، وبعد العودة إلى العمل، مراعيا في التقييم نوعية القياس، سواء بالاختبار المباشر، أو بحساب العائد على الإنتاج من ارتفاع في الكم والنوع. (نصار،1989:8)

ويعرفه العيساوي على أنه مجموعة من المفردات التي تتضمنها الموضوعات والنشاطات والفعاليات التي تتعلق بوظائف الإشراف التربوي، والتي تهدف إلى تنمية الكفايات الإشرافية، وتطويرها للمشرفين التربويين- الاختصاص العام، الذين يحتاجون إلى تنمية أو تطوير. (العيساوي،1997: 26)

ويعرف طرفان البرنامج التدريبي على أنه مجموعة من الخبرات التدريبية المخططة لتحقيق النمو المهني لدى المديرين والمديرات لمساعدتهم على اكتساب المعارف والمهارات والاتجاهات الإدارية المعاصرة ويشتمل على: الأهداف التدريبية، والموضوعات التدريبية واستراتيجيات التدريب الملائمة، واستراتيجيات التقويم الملائمة. (طرفان،1993:20)

البرنامج التدريبي: هو مجمل الخبرات والأنشطة التي تخططها المنظمة أو المؤسسة وتنفذها في سياق معين خلال فترة زمنية محددة لتحقيق أهداف علمية أو مهنية منشودة. (MiLan, Joseph, 1989, :30)

ومن خلال التطرق لتعريفات البرنامج التدريبي نلاحظ بأن غالبيتها تتوافق في الأمور التالية:

1- إن البرنامج التدريبي هو مجموعة من المهارات والخبرات والأنشطة.

2- إن البرنامج التدريبي مخطط له.

3- يهدف البرنامج التدريبي إلى إكساب المعرفة والمهارة والسلوك والخبرة للمتدرب وبالتالي تعود بالنفع والفائدة على المنظمة ويعمل على تحقيق أهدافها.

ويمكن لنا أن نعرف البرنامج التدريبي على أنه مجموعة المعارف والمهارات والخبرات والنشاطات التي تقدم للموظفين العاملين في المنظمات العامة أو الخاصة من أجل تطوير أدائهم وخبراتهم في مجال أعمالهم ويعود بالنفع على المتدرب وعلى المنظمة ويحقق أهدافها.

ويعرفه ستراك والخرابشة على أنه مجموعة نشاطات ومعارف إدارية يتم تقديمها للإدرايين في الجامعات الأردنية الرسمية لتطوير أدائهم في مجال الاتصال الإداري وفق أسلوب علمي مدروس ومنظم. (ستراك، الخرابشة، 92:2004)

معايير فعالية برامج التدريب

تتضمن الخطة التدريبية ثلاثة عناصر رئيسية هي: البرنامج، المدربون، المتدربون وتهدف عملية التقويم إلى:

- قياس مدى تحقق الأهداف.
- قياس الفائدة التي عادت على المتدربين في البرنامج.
- قياس مدى قدرة المدربين في توصيل المعلومات إلى المتدربين.

ما يشير هنا إلى أن من العوامل المؤثرة على فعالية برامج التدريب ما يكمن في الفرد المتدرب ذاته وظروف العمل.

ولقد أشار الكاتب"الفضلى" في مقالته فيما يتعلق بالعوامل المؤثرة على فعالية برامج التدريب التي أشار فيها إلى الباحثين ممفورد وهوني (Mumford and Honey) قد رتبا هذه العوامل كما يلي:

- بيئة وثقافة وطبيعة التنظيم.
- الحوافز للمتدرب أو المتعلم.
- الخبرات السابقة للمتدرب.
- الاستقرار العائلي للمتدرب (الإمكانات المادية، حجم الأسرة).
- جودة ومستوى التنفيذ الميداني لأنشطة التدريب.
- زملاء المتدرب (طبيعة العلاقة الرسمية وغير الرسمية التي تربط المتدربين فيما بينهم.

- العلاقة بين التدريب والأهداف المطلوب تحقيقها.

- قدرة المدرب على التدريب. (الفضلى، مرجع سابق:652-663)

ولقد أشار معهد الإدارة في المملكة العربية السعودية إلى المعايير الداخلية والخارجية لقياس مدى ملاءمة وفعالية برامج التدريب:

أ- المعايير الداخلية وتشمل على: شمولية التدريب للقطاعات كافة، توفر الإمكانات البشرية المؤهلة، توفر الإمكانات المادية، توفر الوسائل المساندة.

- شمولية التدريب للقطاعات كافة: تقضي بعدم افتقار التدريب على فئة معينة دون أخرى من الموظفين وإنما امتداد للأفراد كافة باختلاف تخصصاتهم ومؤهلاتهم ومستوياتهم القيادية والإشرافية والتنفيذية.

- توفر الإمكانات البشرية المؤهلة للتدريب: تنص على إيجاد العدد الكافي من المدربين المؤهلين بمختلف المؤهلات العلمية.

- توفر الإمكانات المادية للتدريب: إن توافر الإمكانات المادية هو أحد عوامل الدفع الأساسية لفعالية برامج التدريب.

- توفر الوسائل المساندة للتدريب: من الوسائل المساندة في قياس النجاح الذي تحققه برامج التدريب توفر المكتبات ومراكز الوثائق والمعلومات (الحاسب الآلي) وكذلك توفر المباني والقاعات.

ب- المعايير الخارجية لقياس مدى ملاءمة وفعالية التدريب وتتضمن هذه المعايير ما يلي:

1) تحديد الاحتياجات التدريبية:

إن الغرض من تحديد احتياجات التدريب هو تقرير الأفراد العاملين في المنظمة الذين بحاجة إلى تدريب. وتعني الحاجة وجود نقص أو تناقض بين وضعين، أو وجود فجوة بين أداءين في وظيفة، فالحاجة لتدريبية Training Need تعني أن التدريب المنظم المخطط له يستطيع أن يعالج ذلك النقص أو التناقض.

وتعني بتحديد الاحتياجات التدريبية(Training Need Assessment) تلك الخطوات المنظمة المنطقية التي يتبعها المدرب أو المسؤول في تنمية القوى البشرية في المنظمة للكشف عن النقص أو التناقض أو الفجوة بين وضع وأداء قائم أو أداء

مرغوب به، وتشخيص ذلك كله وتحليله والخروج بنتائج تتعلق بكيفية قدرة التدريب على تلافي ذلك النقص أو التناقض أو الفجوة. (درة، 1991: 22- 23)

وهناك ثلاثة مؤشرات يتم تحديد الاحتياجات التدريبية من خلالها:

أ- مؤشرات التنظيم:

وتتمثل بالنشاط العام للتنظيم، كمعدات الكفاءة الإنتاجية، والربحية والتكلفة، والجودة، ومردود رأس المال، وكذلك دراسة المؤشرات التي تشير إلى مستوى استخدام الموارد البشرية كإنتاجية العمل، وعبء العمل ودورات العمل... الخ.

ب- مؤشرات العمليات والأداء:

إذا كانت عملية التدريب وسيلة لزيادة فاعلية الأداء فإن هذا لا يعني بأي حال من الأحوال أن سبب ضعف وانخفاض مستوى الأداء يكمن دوماً في القوى العاملة وإنما قد يكون نتيجة عوامل أخرى كظروف البيئة المحيطة أو نتيجة لسياسات وأساليب المنشأة.

جـ - مؤشرات خاصة باحتياجات الأفراد:

ومن المؤشرات التي تساعد في تحديد الأفراد الذين بحاجة إلى التدريب لتنمية مهاراتهم وقدراتهم ما يلي:-

1. انخفاض في مستوى أداء الفرد وقدراته بسبب عدم توفر الرغبة في الأداء، فقد يمتلك الموظف القدرات والخبرات المطلوبة لأداء العمل ولكن غير راض عن عمله لأسباب مختلفة، وتنصب مجالات وموضوعات التدريب حول معالجة أسباب عدم الرغبة في العمل.
2. انخفاض في مستوى أداء الفرد نتيجة ضعف قدراته، بالرغم من أنه يمتلك الاستعدادات اللازمة لاكتساب القدرات المطلوبة، ففي هذه الحالة تتركز موضوعات التدريب على تنمية القدرات اللازمة.
3. انخفاض في مستوى الداء نتيجة ضعف قدرات الفرد وعدم توفر الاستعدادات التي تمكنه من اكتساب هذه القدرات، ففي هذه الحالة قد يكون تدريب الفرد غير مجدٍ.

2) وجود حوافز للتدريب:

تكمن الفلسفة الأساسية للتدريب في استثمار الموارد البشرية وتأهيلها لينعكس ذلك على حسن الأداء المتمثل بخفض الكلفة وتحسين النوعية. وهناك حوافز مادية ومعنوية. (الفارس، مرجع سابق، 144- 145)

مواصفات التصميم الجيد للتدريب وأسسه

يتم تصميم البرامج التدريبية في ضوء السلوك المستهدف تغييره أو تطويره أو اكتسابه، وتتلخص أهداف هذا العنصر في إعداد وإنتاج المواد التعليمية والتدريبية اللازمة لتنفيذ خطة التدريب.

العوامل التي تؤخذ بعين الاعتبار عند تصميم البرنامج التدريبي:

- هدف البرنامج.
- نوع المتدربين
- سلوك المتدربين الحالي وسلوكهم المستهدف من حيث المعلومات والمهارات والاتجاهات.
- الإمكانات المتاحة.
- الوقت المتاح والوقت الملائم.
- الكلفة.
- تحديد الأسلوب الملائم للتدريب.

وخطوات تصميم البرنامج التدريبي هي:

- تحديد السلوك المراد تغييره من حيث تحديد المعلومات والمهارات والاتجاهات المطلوب تنميتها.
- تحديد الزمن اللازم لإحداث التغيير المطلوب.
- تحديد نوعية التدريب الذي سيتم تصميمه.
- تحديد الأساليب التي ستستخدم في التدريب.
- إعداد الجدول الزمني الخاص بكل برنامج.
- تحديد معايير التقويم.
- تحديد كلفة التدريب. (الدويك، 1985: 33- 34)

تصميم البرامج التدريبية

إن عملية تصميم البرنامج التدريبي تتم من خلال خطوات هي:-

1. تحليل الاحتياجات التدريبية والتحليل الوصفي للوائح والأنظمة ودراسة الإمكانيات المادية والبشرية وتحديد الجهة المشرفة على التدريب والمدة التدريبية.

2. وضع أهداف للبرنامج التدريبي يسعى على تحقيقها وكذلك إقناع الآخرين بالحاجة إلى البرنامج وجدواه سواء كان أصحاب القرار في الموافقة عليه أو الفئة المستهدفة من التدريب.

3. وضع المحتوى التدريبي وذلك عن طريق سرد المعارف والمفاهيم والحقائق التي تساعد على اكتساب المعارف والاتجاهات والمهارات ومن مقومات المحتوى الجيد أن يسهم في قدرات المتدرب على انتقال أثر التدريب الذي يعد امتداداً للمقدرة على القيام بعملية التطبيق الفعلي فالمحتوى التدريبي هو المادة العلمية التي تحدد طبيعة المعرفة وتطورها من وقت لآخر وكذلك توضيح طبيعة التعليم، وعملية تحديد المحتوى يجب أن تتناسب وطبيعة المتدربين من حيث مستواهم ونوعية التدريب اللازمة لهم.

4. وضع شروط للفئة المستهدفة من التدريب: يمكن للمصمم للبرنامج أن يضع شروطاً تتعلق بالمتدربين من حيث:

- المستوى التعليمي.
- الخبرة العملية والعمر.
- القدرة والمهارات المتوفرة لدى المتدرب.

5. اختيار المتدربين: فالمدرب هو المسؤول عن نجاح أهداف التدريب من خلال وضع معايير وشروط للمدرب من حيث الخبرة العملية، الرغبة في التدريب، المقدرة على الاتصال والتواصل وإيجاد علاقات إنسانية مع المتدربين والمقدرة على طرح الأفكار الإبداعية.

6. مدة البرنامج التدريبي ومكانه: يجب تحديد مدة التدريب ومكان التدريب من خلال تحديد عدد ساعات التدريب المخصصة لتنفيذ البرنامج التدريبي ومكان التدريب ومدى مناسبة المكان من حيث سعته، وأعداد المتدربين.

7. تنفيذ التدريب: يتم اجتماع لفريق العمل لشرح خطوات التنفيذ وتحديد مكان وزمانه والفئة المستهدفة منه وكذلك الاجتماع مع المتدربين لتوضيح أهداف التدريب وبعد ذلك يتم توزيع المتدربين إلى مجموعات وتعريفهم بأماكن تدريبهم وتوزيع البرنامج اليومي لهم وتعريفهم بوسائل التقويم للبرنامج التدريبي.

8. تقويم التدريب:

التقويم: عبارة عن عملية منظمة لجمع المعلومات وتحديدها وتنظيمها عبر الزمن بوسائل متعددة بهدف إصدار حكم على قيمة الأشياء مثل ما يمتلكه الأفراد من معارف ومهارات واتجاهات من أجل التحسين والتطوير.

والتقويم يأخذ مجالات متعددة منها:

- تقويم درجة تقدم المتدربين: يتم ذلك من خلال ملاحظة المتدربين أثناء عملية التدريب ويتم باتجاهين الأول: أثناء تنفيذ عملية التدريب لقياس درجة تفاعل المتدرب بعملية التدريب والنشاطات المختلفة، والثاني: يهدف إلى تحديد الآثار الموجودة في أدائهم.

- تقويم أداء المدربين: وتهدف هذه المرحلة إلى متابعة المدرب من حيث كفاءته التدريبية ودرجة ممارسته لمهارات التدريب وقياس السمات والقدرات الشخصية والمهنية والعلمية.

- تقويم اثر التدريب: لا يكفي أن يتم التدريب وفق ورشات العمل ولكن يجب أن تتم المتابعة لمعرفة فعالية التدريب وأثره على المتدربين من خلال الزيارات والمقابلات والسجلات والتقارير وأدوات القياس الاستبانات أو الملاحظات. (الخطيب والعنزي، 2008: 175- 184)

أساليب التدريب

ماذا نعني بالأساليب التدريبية؟

هي تلك الطرق التي يستخدمها المدرب من أجل تحقيق أهداف التدريب، والمتمثلة بإكساب معلومات ومفاهيم وأفكار، أو تطوير وتنمية مهارات المتدربين أو تغيير اتجاهاتهم وسلوكياتهم نحو العمل.

هي كل ما يساعد على انتقال المعارف والمفاهيم والمعلومات والمهارات من المدرب إلى المتدرب، والتي تعمل على تمكن المتدرب من ما يكتسبه من تلك المعارف والمهارات المختلفة باستخدام اكبر عدد من الحواس لديه. (القريوتي، 2000) .

ويعرّف (السكارنه،2008) الأساليب التدريبية على أنها تلك الوسائل والطرق التي يتم استخدامها من أجل إيصال وتوضيح المفاهيم والمهارات للمشاركين بالدورات والبرامج التدريبية وفق منهجية علمية سليمة.

ويمكن لنا أن نبين بأن الأساليب التدريبية هي تلك الطرق التي يمكن للمدرب أن يستخدمها في إيصال المعلومات، والمفاهيم، والأفكار، والمهارات والاتجاهات للمتدربين وتساعد المتدرب في تمكنه من فهم، واستيعاب، وممارسة وتطبيق المحتوى التدريبي.

المعايير الواجب مراعاتها عند اختيار أسلوب التدريب المناسب:

إن عملية اختيار أسلوب التدريب ليست عملية عشوائية أو مزاجية أو انتقائية يلجأ لها المدرب متى شاء،ولكن هناك أمور عدة تقيده وتلزمه في اختيار أسلوب التدريب المناسب،ومن هذه المعايير:

1- هدف التدريب: كما نعلم فإن أهداف البرامج التدريبية متنوعة ومتعددة، فقد يكون هدف التدريب تزويد المتدربين بالمفاهيم والمعلومات والأفكار الجديدة، وقد يكون الهدف هو إكساب أو تطوير مهارات المتدربين أو تنمية اتجاهات معينة لدى المتدربين، أو ممكن أن تكون الأهداف مجتمعة معاً. لذلك يمكن لنا أن نبين بأن أسلوب المحاضرة يناسب هدف تزويد المتدربين بالمعلومات والمفاهيم والأفكار الجديدة، بحيث يتم تزويد المتدربين بأكبر كمية من المعلومات والمفاهيم، وتناسب أعدادا" كبيرة من المتدربين،وقد يكون أسلوب الزيارات الميدانية يناسب هدف تزويد المتدربين بالمهارات ... وهكذا.

2- المستوى الوظيفي: هناك مستويات إدارية: عليا، ووسطى،ودنيا، وهناك أساليب تدريبية تناسب الإدارة الدنيا، وأساليب تدريبية تناسب الإدارة العليا.

3- طبيعة العمل أو الوظيفة: إن الأساليب المستخدمة للتدريب في الأعمال الإدارية تختلف عن الأساليب التدريبية المستخدمة في الأعمال المهادية الحرفية التطبيقية.

4- فترة التدريب: إذا كانت الفترة الزمنية للتدريب قصيرة، فقد تناسب أسلوب المحاضرة، أما إذا كانت الفترة الزمنية للتدريب طويلة فتناسب أسلوب الزيارات الميدانية والمباريات الإدارية.

5- التكلفة وعدد المتدربين: هناك برامج تدريبية مكلفة ماديا".فقد نرى بأن أسلوب المحاضرة هو أقل تكلفة من الأساليب الأخرى،وكذلك التعلم عن بعد غير مكلف للمنظمة، حيث يتم تدريب الفرد ذاتيا" دون إلقاء أية أعباء مالية على المنظمة،وكذلك أسلوب المحاضرة يناسب أعدادا" كبيرة من المتدربين،وأسلوب المناقشة يناسب أعدادا" قليلة.

6- خبرات وخلفيات المتدربين: ويمن لنا أن نبين بأن هناك أساليب تدريبية قد لا تتطلب دراية عن الموضوع كأسلوب المحاضرة مثلاً، بعكس أسلوب المناقشة أو المؤتمرات،أو دراسة الحالة.

7- المدربون المتاحون: ويتم ذلك من خلال النظر إلى خبرات ومهارات وقدرات المدربين،حيث لا يتطلب أن تكون لدى المدرب خبرة طويلة في أسلوب المحاضرة،بينما يتطلب من المدرب الخبرة والمهارة والقيادة في أسلوب الحوار والمناقشة والندوات وان تكون لديه خبرة واسعة في مواجهة المشكلات التي قد تحدث أثناء تنفيذ البرنامج التدريبي. (السكارنه،2009)

وتعد خبرات ومعارف المدرب وسماته الشخصية من العوامل الأساسية التي تحكم درجة الاستفادة من الأساليب التدريبية المختلفة، بمعنى أن قدرة المدرب على توصيل الأفكار والمعلومات والمفاهيم والمهارات والاتجاهات للمتدربين تمثل مدى فعالية استخدام الأساليب التدريبية المختلفة،لذلك على المدرب اختيار الأسلوب الذي يتناسب مع قدراته وخبراته ومعارفه، فاستخدام أسلوب تمثيل الدور يتطلب من المدرب خبرات سلوكية في تحليل العمل الجماعي، واستخدام أسلوب دراسة الحالة يتطلب من المدرب قدرات شخصية وتحليلية للمشكلات والقدرة على اتخاذ القرار، كما أن المستوى الثقافي والخبرة للمدرب لها أثر كبير في اختيار الأسلوب التدريبي المناسب، ويمكن أن نأخذ بعين الاعتبار المشاركين (المتدربين) ومستوياتهم الثقافية والاجتماعية وأعمارهم والبيئات التي قدموا منها. (توفيق، 2000)

والاجتماعية وأعمارهم والبيئات التي قدموا منها.لقد تعددت الأساليب التدريبية قديما"، وسوف نقوم بتقسيم تلك الأساليب إلى قسمين: الأساليب القديمة

التقليدية،والأساليب الحديثة المتطورة،ولا نقصد بأن نقلل من الأهمية بالأساليب التدريبية القديمة التقليدية وإعطاء الاهتمام بالأساليب الحديثة المتطورة ،فكما أسلفنا سابقا" بأن هناك برامج تدريبية تكون ناجحة باستخدام الأساليب التقليدية القديمة ،وكذلك برامج تدريبية بحاجة ماسة لاستخدام الأساليب الحديثة المتطورة. وسوف نستعرض تلك الأساليب القديمة والحديثة المتطورة .

الأساليب التدريبية القديمة والحديثة.

أسلوب المحاضرة:

المحاضرة هي نشاط وأسلوب تدريبي مهم،حيث يقوم المدرب بالعرض النظري وغالبا" ما يكون الهدف من المحاضرة هو إعطاء المعلومات والمفاهيم أو التمهيد للموضوع أو النشاط أو تلخيص نتيجة النشاط والتأكيد على النقاط المستخلصة منه، ويعد هذا الأسلوب من أقدم الأساليب التدريبية التعليمية،فالمدرب في هذا الأسلوب ينحصر دوره في تلقين المتدربين المعلومات والأفكار والمفاهيم، ودور المتدرب هو تلقي تلك المعلومات التي يلقيها عليه المدرب، ويعد أيضا" هذا الأسلوب من أكثر الأساليب التدريبية انتشارا"، لما يمتاز به هذا الأسلوب من كونه مريح من حيث أعداد المتدربين وكذلك المرونة في استخدامه في كافة الموضوعات،وسهولة تطبيقه، حيث يتطلب من المدرب تقديم المادة العلمية بطريقة شفوية. (العبد الكريم، 2009).

ويعد أسلوب المحاضرة من أكثر الأساليب شيوعا" في عرض المعلومات والمفاهيم والأفكار إلى مجموعة كبيرة من المتدربين وغالبا" يتم هذا الأسلوب في اتجاه واحد،حيث يقوم المدرب بسرد المعلومات والأفكار والمفاهيم للمتدربين، ويكمن دور المتدربين في الاستماع وتسجيل النقاط والملاحظات ،ويمكن لنا من أن نحسن من فعالية المحاضرة باستخدام معينات بصرية مناسبة،كاستخدام التلفاز، أو الداتاشو،بحيث تعمل تلك المعينات على إثارة وجذب انتباه المتدربين وتجعلهم أكثر تركيزا".

ولقد استعرض السكارنه أمور عدة يجب مراعاتها عند استخدام أسلوب المحاضرة:

> اجعل صوتك مسموعا"للكل.

> تجنب الكلمات الغامضة.

> تجنب النغمات الصوتية غير المألوفة.

> استخدم قائمة في تقديم المحاضرة تساعد على ترتيب الأفكار.

> تأكد من أن الكل يراك بوضوح.

> اختيار المعينات التدريبية المناسبة: المسموعة والمرئية.

> حدد متى سيتم طرح الأسئلة. (السكارنه، مرجع سابق)

ويعرف توفيق، المحاضرة بأنها حديث شبه رسمي يقوم به المدرب بتقديم سلسلة من الوقائع أو الحقائق أو المفاهيم أو المبادئ أو يقوم باستطلاع مشكلة أو شرح علاقات، وتقتصر مشاركة المتدربين بصفة رئيسه على الاستماع. وتعد المحاضرة أساسا" أسلوبا" لإلقاء المعلومات على المتدربين، وتعد المحاضرة من أقدم الطرق التدريبية التي عرفها الإنسان وما زالت تستخدم حتى الآن في شتى المجالات والأهداف. ومن هنا نرى بأن المحاضرة هي عملية إلقاء للمعلومات والمفاهيم والأفكار من جانب المدرب أو المحاضر واستماع من جانب المتدربين.

ومن أهداف المحاضرة:

-تزويد المتدربين بالمعلومات والأفكار والمفاهيم والمعارف العامة.

-عرض بيانات ومعلومات تفصيلية عن موضوع معين.

-التأثير في المتدربين لقبول وجهة نظر معينه. (توفيق،2007)

مزايا المحاضرة:

لأسلوب المحاضرة مزايا متعددة ومهمة نذكر منها ما يلي:

- اختصار الوقت: حيث يقدم المحاضر (المدرب) خلاصة بحث أو دراسة أو موضوع معين في وقت قصير نسبيا".

- تفادي المشكلات التي نجمت من استخدام المناقشات أو لعب الأدوار أو الأحاديث الجانبية، فالمحاضر هو المتحدث الوحيد وجميع المتدربين يسمعون له.

-يكون المحاضر متخصصا" في الموضوع الذي يطرحه، لذلك تتيح فرصة للمتدربين للفهم أكثر من أي وسيلة أخرى.

- يعمل أسلوب المحاضرة على إثارة الأفكار والمعاني في أذهان المتدربين وتنشيط تفكيرهم في الموضوع. (الصيرفي،2009)

ويمكن لنا أن نضيف بعض المزايا لهذا الأسلوب من التدريب ما يلي:

- يصلح للمجموعات الكبيرة، وبالتالي يقلل من التكلفة المالية الموكولة على إدارة التدريب.

- سهولة توصيل المعلومات للمتدربين بعبارات سليمة وواضحة ودقيقة.

- لا يحتاج هذا الأسلوب من التدريب في تطبيقه إلى الكثير من الأجهزة والوسائل والمعدات.

عيوب أسلوب المحاضرة:

- دور المتدرب (المتعلم) سلبي غير مشارك ،ويكتفي بالاستماع وتلقي المعلومات من المدرب، وتسجيل الملاحظات.

- تسبب أحيانا" الملل عند المتدربين إذا استغرقت المحاضرة وقتاً طويلاً كما تقلل من دافعية المتدربين للتعلم.

- إن معدل التذكر واسترجاع المعلومات يكون منخفضاً.

- يعد أسلوب المحاضرة مناسبا" لتزويد المتدربين بالمعلومات والأفكار والمفاهيم بينما غير مناسب للتدريب على المهارات والممارسات التطبيقية.

- يكون العبء الأكبر على المحاضر، يكون المتدربون في حالة الاستماع والسكون، وقد يؤدي ذلك إلى فقدان الاهتمام من جانب المتدربين.

أسلوب المناقشات:

المناقشة تعني اجتماع مجموعة صغيرة من الأفراد ،حيث يقومون بمناقشة موضوع أو مشكلة معينة،حيث يتم من خلالها تبادل المعلومات والأفكار والآراء والخبرات بين الأفراد المتناقشين، ويتم طرح الأسئلة والإجابة عليها بين المدرب والمتدربين، وبين المتدربين أنفسهم، وتتنوع إشكال المناقشات لتشمل:-

الندوة أو الحلقة الدراسيةSeminar

وتعني اجتماع مجموعة صغيرة من المتدربين لمناقشة مشكلة أو موضوع ما، حيث يقدم متدرب أو أكثر ورقة أعدها للمناقشة، حيث يقوم المدرب بتوجيه وتسيير مجرى المناقشة، ويتم طرح الموضوع ومناقشته بين المتدربين من أجل الوصول إلى استنتاجات. وهذا الأسلوب من التدريب يتطلب مدرباً يمتلك شخصية قيادية ولديه الاطلاع الواسع بموضوع المشكلة التي يتم مناقشتها.

المؤتمرات Conferences

وتعني اجتماع مجموعة من الأفراد يمثلون منظمات مختلفة تجمعهم اهتمامات مشتركة حول موضوع أو مشكلة معينة، حيث يقوم كل فرد بإعداد وشرح جانب من الموضوع أو المشكلة التي أعدها، وفي العادة يتم طرح أسئلة واستفسارات من الحضور.

المناقشات الجماعية Group Discussion

في هذا الأسلوب ، يتم مناقشة وتداول الأفكار والمعلومات والآراء بين عدد من المتدربين حول موضوع معين ،وبإشراف وقيادة المدرب ،وفي هذا النوع من التدريب ،يقوم جميع المتدربين بالمناقشة وإبداء وجهات نظرهم حول الموضوع أو المشكلة المطروحة للنقاش، حيث يعبر المتدرب عن أفكاره ومعلوماته وخبراته حو الموضوع المطروح للنقاش. ويكمن هدف المناقشة الجماعية في تجميع حصيلة المعلومات والأفكار والآراء والخبرات السابقة للمتدربين للوصول إلى تحسين أو وضوح أفضل للمبادئ أو المفاهيم أو السياسات أو الإجراءات ، وبشكل عام فإن هدف حلقات النقاش الجماعية هو البحث عن إجابة عن سؤال ما أو حل لمشكلة معينة ،حيث يقوم المدرب بعرض المشكلة وتحديدها وتشجيع المتدربين في مناقشة تلك المشكلة من أجل الوصول نتائج ووضع توصيات تساعد في الوصول إلى اتخاذ قرار مناسب.

مزايا أسلوب المناقشات

يتمتع أسلوب المناقشات بإشكاله المتنوعة بمزايا وإيجابيات متعددة نذكر منها:-

> إن أسلوب المناقشات يقوي لدى المتدرب ملكة المناقشة والحوار والثقة بالنفس والتعبير عن آرائه وأفكاره وميوله واتجاهاته.

> يرسخ في أذهان المتدربين موضوع النقاش والحوار، والحلول التي تم التوصل إليها.
> يؤدي أسلوب المناقشات إلى زيادة معلومات وأفكار وخبرات المتدربين نتيجة تبادل المعلومات والمفاهيم والأفكار فيما بينهم.
> انتقال أثر التدريب بأسلوب المناقشات، حيث يقوم المتدرب بنقل وتطبيق كل ما تعلمه في الجلسات التدريبية إلى موقع عمله.

عيوب أسلوب المناقشات:

> تتطلب مهارة وخبرة وقدرة عالية من المدرب في إدارة حلقات النقاش والحوار بين المتدربين، فالمدرب الذي لا يمتلك الخبرة والمعلومات الكافية، وإدارة النقاش يواجه صعوبة بالغة في تطبيق هذا الأسلوب من التدريب.
> يتطلب هذا الأسلوب من التدريب جهداً، ووقتاً في الإعداد والتحضير المسبق من قبل المدرب والمتدربين.
> قد يتعرض المتدربون للشرود عن الموضوع، أو يفشلون في مناقشته بطريقة صحيحة.
> قد يتعمد المتدربون إلى التمسك باتجاهاتهم وآرائهم وأفكارهم ومعتقداتهم.
> قد يستغرق أسلوب المناقشة الكثير من الوقت، وقد يسيطر عليه بعض الذين يجيدون النقاش والجدل.

أسلوب دراسة الحالةThe case study

إن دراسة الحالة تتضمن اختباراً تفصيلياً لوضع محدد، قد يكون حقيقيا" أو افتراضيا"، ولكن بالضرورة أن يتم اختيار ذلك الموضوع بعناية، ففي دراسة الحالة ينمي المتدربون مهاراتهم في التفكير والتحليل والاستنتاج حول المبادئ النظرية والتطبيقية. (السكارنه،مرجع سابق،2009)

والحالة هي عبارة عن مشكلة (واقعية أو افتراضية) تقدم للمتدرب أو المتدربين مكتوبة ومرفقة بها بعض التفاصيل عن حيثيات المشكلة وخلفياتها، ومطلوب من المتدرب قراءتها، وتحديد تلك المشكلة وأسبابها بهدف الوصول إلى اقتراحات حيال تلك المشكلة. (محمد،حواله، 2005: 181)

ومن أهداف أسلوب دراسة الحالة:

- تنمية قدرات المتدربين على قراءة المعلومات والتحليل والتفكير المنطقي، والقدرة على تحديد المشكلة ومعرفة أسبابها وأبعادها، وطرق علاجها وإيجاد البدائل واتخاذ القرار المناسب بشأنها.
- تمكين المتدربين من استشفاف بعض المبادئ ن والمفاهيم والأفكار بشأن موضوع المشكلة بطرق ذاتية.
- مساعدة المتدرب على اكتساب مهارات حل المشكلات، واتخاذ القرارات.
- تنمي لدى المتدرب القدرة على التعبير وإبداء الرأي، وتقبل آراء الآخرين. (محمد وحواله2005،حسنين2001،ياغي 1986).

مزايا دراسة الحالة:

- تحسين مهارات حل المشكلات وتطبيق المفاهيم والأساليب.
- نشاط يركز على المتدرب.
- التركيز في هذا الأسلوب من التدريب على أنه ليس هناك طريقة واحدة صحيحة لحل المشكلات وإنما هناك أكثر من حل.
- التحليل والحوار والقدرة على الاستماع لملاحظات الآخرين وتبرير وجهة نظره.
- تنمية مهارات العلاقات الإنسانية.
- يعد من الأساليب الديمقراطية.
- زيادة درجة الدافعية في الرغبة في التعامل لدى المتدربين.
- توافر عنصر التشويق والمتعة والجاذبية وإشراك المتدربين في المناقشات الجماعية الحرة، وعرض صور صادقة لمواقف حقيقة غير مصطنعة.
- تبادل الخبرات ووجهات النظر والتجارب المختلفة عن طريق الممارسة العملية (الخطيب. والخطيب، 2006، ياغي 1986، توفيق1994 وآخرون)

أما عيوب أسلوب دراسة الحالة:

- يتطلب إعداد دراسة الحالة من المدرب جهدا" كبيرا" وخبرة كافية ووقتا" طويلا".

> تحتاج إلى مدربين من ذوي الخبرة العميقة، والمعرفة الواسعة بموضوع الحالة المطروحة للمناقشة من أجل تحليلها، وإيجاد الحلول المناسبة لها واتخاذ القرار المناسب بشأنها.

> لا تحتاج إلى أعداد كبيرة من المتدربين، لذلك يمكن تقسيم المتدربين إلى مجموعات صغيرة، ويشترط فيهم الخبرة الكافية في كيفية مناقشة الحالة المطروحة للنقاش.

> تحتاج إلى مهارة في إدارة وتوجيه المناقشة بنجاح ،وتهيئة جو مناسب للمناقشة الحرة،فقد يسيطر بعض المشاركين على المناقشة، مما يؤدي إلى تقليل الفائدة وحصرها في عدد محدد من المشاركين.

> تحتاج إلى جهد ووقت كاف في الإعداد والتحضير من قبل المدرب.

> تستغرق قراءة المتدربين لكل المواد التي يحتوي عليها تقرير الحالة، وهضمها ومناقشتها الكثير من الوقت. (ياغي،1986، توفيق،2007)

مقومات نجاح دراسة الحالة:

إن التعامل مع الحالة ليس بالأمر السهل،لذلك يتطلب خبرة وممارسة ،ولذلك لا بد من اتباع ما يلي:

-تحديد المشكلة أو الموضوع الرئيس والتعريف الجيد لهما.

- تحديد العناصر الرئيسة للمشكلة أو الموضوع.

- تحليل كل عنصر من العناصر تحليلا" دقيقا".

- الوصول إلى قرار واضح ومحدد لكل عنصر من عناصر الموضوع أو المشكلة، ثم استخدام هذه القرارات الفرعية في تكوين القرار الشامل. (الصيرفي،2009:253).

أسلوب تمثيل الدور

إن أول من أوجد الدراما النفسية وطبقها ،هو الطبيب النفساني النمساوي (مورينو) عام 1910م كوسيلة لحل مشكلات التكيف والتوافق، ونقلها (مورينو) إلى الولايات المتحدة الأمريكية في أوائل الثلاثينيات،وانتشر استخدام هذا الأسلوب

واستخدم في التدريب الإداري عام 1933م . ويعتقد (مورينو) أنه من الممكن معالجة مشكلات الفرد العاطفية عن طريق قيام الأفراد بتمثيل مشكلاتهم ،ومناقشاتهم،وتحليلها،ومحاولة إيجاد حلول ملائمة لها. أما تمثيل الأدوار على شكل الدراما الاجتماعية،فقد استعملها(ارستوفاينس) في درامته المعروفة (ليستراتا) بقصد مساعدة أفراد الجماعة على حل مشكلاتهم المتصلة بالعلاقات الشخصية المنبثقة عن العلاقات الاجتماعية. (ياغي،1986)

ويعرف السكارنه أسلوب لعب الدور بأنه أسلوب تدريبي ،حيث يقوم المتدربون بأداء وضع افتراضي أو حقيقي أمام الحضور ويتم إعطاء المتدربين الخلفية الضرورية وبعض الأفكار ،حول كيفية تنظيم أدوارهم ،ولكن ليس هنـاك حوار أو نص محدد، بل يتم توليد ذلك أثناء لعب الأدوار. بعد نهاية العرض، يقوم المشاهدون والمشاركون معا" بمناقشة موضوع لعب الأدوار، ويمكن استخدام لعب الأدوار في:

- تعزيز وتطوير الاتجاهات.
- تطوير مهارات التفاوض.
- استكشاف العلاقات الإنسانية الضعيفة.
- تعزيز التعلم من خلال العمل وارتكاب الأخطاء. (السكارنه،2009: 187)

طريقة إعداد تمثيل الأدوار

من المعروف أن أسلوب تمثيل الدور يعمل على تنمية شخصية الفرد وسلوكياته وصقل اتجاهاته ومواهبه،وتنمية مقدرة المتدرب على إجراء الاتصال الجيد مع الآخرين من خلال التشاور والنقاش، ويتم أسلوب تمثيل الدور من خلال اتباع الخطوات التالية:

- يتطلب أسلوب تمثيل الدور وجود مشكلة أو موضوع معين يتم عرضه من خلال الأفراد من أجل مواجهته والتغلب عليه.
- تسمية كل متدرب قائم بدور من الأدوار،ويحدد له تفاصيل الدور الذي سوف يلعبه، ومن الأفضل أن تكون التعليمات مكتوبة لكي يقرأها المتدرب قبل تمثيلها.
- تحديد مكان وزمان إجراء التمثيلية.

- يؤدي اللاعبون أدوارهم من خلال قصة إدارية قد أعدها المدرب ،ويعد لها السيناريو والحوار الملائم ،ويحدد فيها الأدوار الموجهة وعلى كل لاعب التقيد بالنص.

- يتقمص اللاعبون أدوارهم، ويصورون أنفسهم في مواقف واقعية حقيقية تظهر شخصياتهم الإدارية أثناء التمثيل.

- تتيح للمراقبين فرصة التعرف على سلوكياتهم من حيث إيجابياتها، وسلبياتها.

- انتهاء التمثيلية، ويعد هذا الأسلوب من الأساليب المتطورة من حيث التطبيق الفعلي الحقيقي للمتدرب،مما يؤدي إلى خلق نوع من التشويق وجذب انتباه المتدربين سواء أكانوا لاعبين أو مراقبين.

- يقوم المدربون والمتدربون أنفسهم بتقييم الأداء للأدوار التي تم تطبيقها،من خلال تقديم استبانة، أو وضع ملاحظات عن تلك الأدوار. (الصيرفي،مرجع سابق، 2009)

نموذج تطبيقي لتمثيل الأدوار:

1- الموضوع

أثناء تجوال مدير البنك على الأقسام الموجودة، لاحظ وجود شيك على الأرض،فاستدعى مسؤول الشيكات.

2- تمثيل الأدوار

مدير البنك: هل قمت بإصدار التعليمات على الموظفين في الحسابات لقلة الاهتمام والحرص بالشيكات؟

مسؤول الشيكات: نعم ،لقد قمت بإصدار تعليمات مشددة بذلك الأمر.

مدير البنك: تم خصم أسبوع من راتبك نتيجة عدم متابعة الأمر مع الموظفين، وكذلك إنذار بحق الموظف (المحاسب).

تمثيل الأدوارRole play يطلب من المتدربين أن يقوموا بتمثيل الدور الذي يلعبونه أثناء تأديتهم لوظائفهم، وذلك أثناء التدريب،وتستخدم هذه الطريقة بصفة رئيسة في التدريب على المواقف التي تتطلب مواجهة مباشرة (بمعنى المواقف التي يتصل فيها الأفراد معا"في مواقف يتطلبها العمل). (توفيق، مرجع سابق، 2000)

من هنا نرى بأن تمثيل الدور هو أسلوب تدريبي حيث يقوم شخصان أو أكثر بلعب أدوار معينة، ويطلب منهم محاكاة وضع حقيقي، وأن يتصرفوا بعفوية،وممكن أن يعرضوا لمواقف مشابه لمواقف حقيقية،ومن خلال هذا الأسلوب يجد المتدرب أنه لا بد له من التفكير والتحليل والنقاش حول الموضوع أو الموقف أو المشكلة التي تم طرحها.

إن أفضل وقت لأسلوب لعب الدور هو منصف التدريب، بعد أن يتعرف المتدربون على بعضهم البعض ،وتتولد لديهم علاقات شخصية،وكسر الحواجز النفسية بينهم وكذلك الاطلاع على طبيعة الموقف أو الموضوع أو المشكلة التي سيتم معالجتها بهذا الأسلوب (لعب الأدوار).

أهداف أسلوب تمثيل الأدوار

تكمن أهداف هذا الأسلوب من التدريب بالأمور التالية:

> مساعدة المتدربين على التخلص من المصاعب التي تعترضهم في العمل.

> التعرف على الأخطاء التي يقع فيها المتدربون وتصحيحها.

> دراسة مشكلات السلوك الإنساني، والتدريب على المهام والمهارات الإنسانية، وزيادة فهمهم لمشكلاتها.

> التدريب على الاتصال وأساليب الإشراف والقيادة.

> مساعدة المتدرب على تعديل أنماط سلوكه وتدعيم السلوك الايجابي.

> يزود المشاركين بالخبرة والمعرفة ويلزمهم على تطبيق ما تعلموه نظريا"بصورة عملية تطبيقية.

> جعل المتدرب أكثر وعيا" وإحساسا" بالمواقف المحيطة به وتسهم في تحديد المشكلة، والتعريف بأسلوب علاجها.

> إتاحة الفرصة للمتدربين لتبادل الآراء ووجهات النظر من خلال المشاركة الجماعية.

> إتاحة الفرصة للمتدربين لاستخدام مهاراتهم والتدرب على حل المشكلات.

(توفيق،2007،ياغي،2008،العلي،1998،الخطيب والخطيب،1986،توفيق 1994ن برود ونيوستروم،1997).

مزايا أسلوب تمثيل الأدوار

> إتاحة الفرصة للمتدربين لتحقيق الرؤية الشاملة لما يحدث في الواقع العملي.

> يمكن للمدرب رؤية الأمور من مداخل متنوعة.

> إثارة اهتمامات المتدربين عن طريق الموقف الدرامي الذي يساعد على تدعيم اتجاهاته الإيجابية.

> يمكن للمدرب الاستعانة بالمعينات السمعية والبصرية في تصوير، وتسجيل مواقف العمل، وإعادة عرضه على المشاركين في جلسة المناقشة.

> تطوير وتنمية وتحسين مهارات وقدرات المتدربين.

> تنمية الكفايات الإشرافية بأن يصبح بعد تمثيل دور المرؤوس أكثر تقديراً واستعداداً، وقبولاً لوجهات نظر مرؤوسيه بسبب الخبرة التي مر بها وهو متقمص شخصيته، ودوره الصعب.

> توفير تغذية راجعة فورية من استجابة المشاركين.

> يمكن أن يساعد في بناء مهارات الاتصال الشخصي، وبناء الثقة بالنفس.

> عرض الموضوعات بشكل درامي يساعد على ملء الفراغات في نظام التدريب التقليدي.

> يبني التلقائية ومهارات حل المشكلات لدى المتدرب. (السكارنه2009، راشد2003، ياغي1986).

عيوب أسلوب تمثيل الأدوار

> يستغرق هذا الأسلوب من التدريب وقتا" طويلا" وجهدا" كبيرا" من قبل المدرب والمتدربين في الإعداد والتحضير والتطبيق.

> قد يشيع البعض بأنها طريقة مصطنعة إلى حد كبير مما يؤدي ذلك إلى التقليل في التعبير من الناحية السلوكية في المواقف الحقيقية،فضلا" على أن انهماك المتدربين في التمثيل قد ينسيهم اهتماماتهم بالمواقف الحقيقية.

> قد يصيب المتدربين (المشاركين) الملل والضيق إذا افتقرت المشاكل والموضوعات المطروحة إلى التنوع بدرجة كافية.

- يعتمد نجاح تطبيق هذا الأسلوب من التدريب على مدى ملاءمته للمناخ وثقافة المجتمع وفاعلية المجموعات.
- قد لا يكون من السهولة قياس التقدم والنتائج.
- يتطلب هذا الأسلوب من التدريب مهارات عالية وثقافة واسعة من قبل المدرب.

(السكارنه2009، توفيق1994)

أسلوب تدريب الحساسية Sensitivity Training

لقد تم تناول هذا الأسلوب من التدريب حديثاً والذي ابتكره وطبقه لأول مرة روبرت تاينينوم R. Tonenaum في الولايات المتحدة الأمريكية قبل الخمسينات في مجال التدريب على ديناميكية الجماعة. حيث يتم وضع المتدربين في مواقف بحيث يكون سلوك كل متدرب في المجموعة عرضة للدراسة والتعليق عليها من قبل زملائه المتدربين، وكذلك يتم دراسة سلوك المجموعة أو المجموعات ككل، ويتطلب هذا الأسلوب من التدريب مدرباً عالماً بالأمور النفسية والسلوكية والاجتماعية، ولديه خبرة كافية في تطبيق مثل هذا الأسلوب. من خلال هذا الأسلوب يتم تعليم المتدرب من خلال دراسة تأثير سلوكه على غيره من الأفراد، وتأثير سلوكياتهم عليه بحيث تكسب المتدرب مهارة التعامل والتواصل مع الآخرين. ومثال ذلك، بجمع مجموعة من المرؤوسين كالمعلمين مثلا"مع مديرهم، ويتم تبادل وجهات النظر بين المعلمين اتجاه المدير، فالمدير عرضة للتعليق والنقد من الزملاء، وكذلك المعلمون عرضة للنقد والتعليق من قبل المدير، ومن خلال النقاش والتعليق والنقد بين الأطراف، يتم إتاحة الفرصة للأفراد للكشف عن نواحي الضعف والنقص في سلوكهم، وكذلك تشخيص المواقف التي يمكن أن يواجهوها في أعمالهم اليومية.

لقد ظهرت تعريفات عدة لأسلوب تدريب الحساسية نورد منها:

تدريب الحساسية هو زيادة حساسية الأفراد نحو سلوك الذات وسلوك الآخرين ،بهدف مساعدة القادة والمشرفين من مختلف المستويات الإدارية على معالجة مشاكل العلاقات الإنسانية، ويعمل هذا الأسلوب على تنمية القدرة الذاتية للفرد في الاعتماد على نفسه لتطوير أسلوبه في التعامل مع الآخرين.

ويعرف أرجيرس Argyris تدريب الحساسية بأنه:

مساعدة الأفراد في التعرف على أنفسهم وعلى تصرفاتهم إلى أقصى حد ممكن، وأنه يمدهم بكل الفرص الممكنة للتعرف على سلوكهم وعلى استجابة الآخرين لهذا السلوك وتنمية وعيهم لإدراك تصرفاتهم وتصرفات الآخرين. (الصيرفي2009: 213)

تدريب الحساسية هو ذلك المجهود المقصود لاستخدام العلوم السلوكية في مجال الدوافع والاتصال وحل المشكلات والعمل كفريق ،وكذلك هو عبارة عن تفاعل مجموعة صغيرة مكونة من مدرب ومتدربين تحت ضغط دون أن يحدد لها جدول معين للمناقشات أو قواعد محددة تنظم الإجراءات وذلك بهدف تغيير السلوك. (توفيق،186:2007- 187)

أهداف أسلوب تدريب الحساسية

تكمن أهداف تدريب المتدربين بأسلوب تدريب الحساسية في ما يلي:

> تنمية المهارات السلوكية لدى المتدربين اتجاه سلوك المدرب والمتدربين من خلال المناقشات الجماعية واتجاه العلاقات الإنسانية وردود الأفعال والآراء والتصرفات التي تصدر من جميع الأطراف.

> تنمية مهارات الاتصال مع الآخرين، كالتحدث، والاستماع، والفهم.

> توضيح العقبات والعوائق السلوكية في العلاقات الاجتماعية والوظيفية بين الأفراد سواء كانوا مرؤوسين أو رئيس ومرؤوس.

مزايا أسلوب تدريب الحساسية:

> فهم الذات وفهم الآخرين، وتنمية مهارات المتدرب في تشخيص نقاط الضعف والعقبات في السلوكيات المختلفة التي تواجهه.

> تنبيه حواس المتدرب ومشاعره إلى المواقف المتصلة بالعلاقات الإنسانية بين الأفراد.

> زيادة حساسية المتدرب نحو المشكلات والأحداث في العلاقات الإنسانية.

> إحداث تغيير وتطوير في سلوك واتجاهات المتدربين.

> التقارب بين أفراد الجماعة الواحدة وتفهم مشاكلهم، وطرق حل تلك المشكلات. (ياغي1986، توفيق1994)

عيوب طريقة تدريب الحساسية

> المتدربون الذين يتسمون بالعصبية لن يتحملوا الضغط.

> ارتفاع التكاليف (سفر، إقامه، تكاليف تدريب...الخ).

> يؤدي إلى كشف العلاقات بين المتدربين على حقيقتها، وقد يحدث رد فعل لديهم خاصة بين من لا يحتملون قسوة الحقيقة.

> قد تكتشف حقائق من المصلحة أن تبقى سرية.

> يحتاج هذا الأسلوب من التدريب إلى مدرب قائد حكيم وواع ولديه مقدرة في قيادة الجماعة والتأثير عليهم،وإلا قد يزيد من المشكلات ويجعلها أكثر تعقيداً. (ياغي، مرجع سابق، توفيق، مرجع سابق2007)

أسلوب العصف الذهني Brain Storming

يتم تداول مفهوم العصف الذهني حديثاً ليشير إلى تعصيف الأفكار ،وهذا الأسلوب من التدريب يعتمد أساسا على حرية الأفكار من خلال طرح المدرب على المتدربين موضوع ما أو مشكلة أو موقف أو سؤال، ويطلب إليهم توليد أو استمطار أكبر عدد من الأفكار دون أية قيود ،وتدون هذه الأفكار وتناقش وتحلل حتى يتم التوصل للحل الأمثل.

ويستخدم هذا الأسلوب بكثرة في توليد الأفكار والتشجيع على الابتكار حيث يتم تقديم الموضوع أو المشكلة للمتدربين، ويطلب منهم حلها، ويتم تشجيعهم على طرح أفكارهم بكل حرية للوصول إلى أفكار أو حلول مناسبة. (سكا رنه،2009: 180)

الشروط الواجب مراعاتها لكي يؤدي هذا الأسلوب نجاحه:

> يحدد مدير للحلقة أو النقاش.

> يجب تحديد المشكلة أو الموضوع بدقة وتوضيحها للمتدربين وكتابتها على السبورة.

> عدد المتدربين متوسط (8-10) أفراد.

> يعطى الجميع الفرصة والحرية بالمشاركة .

> يحدد وقت لنهاية الحلقة أو النقاش.

بعد جمع الأفكار وانتهاء عملية الاستمطار الفكري من جميع المتدربين يتم مناقشة وتداول ما ورد من أفكار، وتصنيفها، وتقييمها، واستبعاد ما لا يمكن تحقيقه منها. (العبد الكريم، 1430هـ).

الخطوات المتسلسلة لاستخدام أسلوب العصف الذهني:

> يحدد المدرب موضوع العصف ،ويشرح قواعد الطريقة.

> يثبت المدرب لوحة أو يوفر لوحاً، وقد يطلب المساعدة من البعض.

> يحدد المدرب الوقت اللازم لإجراء هذه الطريقة.

> يبدأ العصف بطرح سؤال أو موضوع من قبل المدرب وتدون الكلمات أو الجمل أو الأفكار كما هي على السبورة.

> يتأكد المدرب من مشاركة الجميع في النقاش والحوار والتعبير.

> ينتهي العصف وتبدأ مرحلة شطب الكلمات والعبارات والجمل التي لا تمت للموضوع بصلة.

> تجميع الكلمات والعبارات المتشابهة في المعنى والمضمون.

> توضع لوحة جديدة ،وتنقل إليها الكلمات والعبارات حسب تسلسل أهميتها.

> تبدأ مناقشة الكلمات والعبارات والجمل المستخلصة والمثبتة بشكل نهائي.

> التوصل إلى نتائج. (الصيرفي،2009: 306)

مزايا العصف الذهني

> التعاون والمشاركة بين جميع المتدربين.

> الجو ابتكاري أثناء عقد جلسة المناقشة.

> مستوى مشاركة المتدربين عالية.

> التوصل إلى نتائج من خلال أفكار وآراء ومناقشة المتدربين.

أما فيما يتعلق بمحددات العصف الذهني فتكمن فيما يلي:

> يتطلب هذا الأسلوب من التدريب مهارات عالية وقيادة من المدرب في إدارة كيفية الحصول على الأفكار والمعلومات وتصنيفها ومناقشتها.

> يناسب هذا الأسلوب من التدريب المجموعات متوسطة الحجم (8-10) أفراد.

أسلوب التعليم المبرمج

وهو أسلوب من اساليب التدريب ،حيث يتم تزويد المتدرب بالمعارف والمعلومات والأفكار والمفاهيم والمهارات اللازمة من خلال سلسلة من الخطوات ،يتم تزويده بها، وينتقل من خطوة إلى الخطوة التي تليها في حالة اجتيازه الخطوة الأولى.

ويتكون هذا النوع من التدريب من برامج معدة ومسجلة مسبقاً،يتم إرسال تلك البرامج إلى المتدرب ليقوم بدراستها،وفي العادة توضع أسئلة يقوم المتدرب بالإجابة عليها ،وحين تجاوزها بالطريقة الصحيحة يتم انتقاله إلى الخطوة التي تليها وهكذا.

التعليم المبرمج هو طريقة للتعلم الذاتي ، ومن خلالها يتم إكساب المتدرب المعلومات والمهارات والمعارف والأفكار والمفاهيم اللازمة لتحقيق الأهداف التدريبية من خلال سلسلة من الخطوات التي تم ترتيبها بعناية واختبارها مسبقاً، ويستجيب المتدربون بشكل إيجابي لكل خطوة من سلسلة الخطوات ،ويحصلون على معلومات مرتدة فورية عن صحة استجاباتهم قبل الانتقال إلى الخطوة التالية. (الصيرفي، مرجع سابق:287)

مزايا التعليم المبرمج

> يتم إعداد البرامج مسبقاً بحيث يتم تبديلها أو تغييرها، فهذه البرامج ثابتة لا تتغير، ولا تختلف نوعية التدريب باختلاف المدرب أو المكان، أو الزمان، فالمحتوى واحد ومتسلسل.

> يمكن تطبيق هذا النوع من التدريب بدون مدرب.

> يمكن تطبيق هذا النوع من التدريب على مجموعة صغيرة أو كبيرة، فالعدد ليس له تأثير.

> يقلل التعليم المبرمج من معدلات الفشل، حيث يركز على تعلم المتدرب حسي معدل سرعة تعلمه، ويمكن له تكرار الخطوات مرات عدة لحسن تجاوزها بالطريقة الصحيحة.

> من مزايا التعليم المبرمج أيضا اختصار الوقت اللازم للتدريب في حالة مقارنته بالأساليب التدريبية الأخرى التي تستغرق وقتاً أطول.

عيوب التعليم المبرمج

> إن إعداد البرامج المسجلة مسبقاً تكون مكلفة مالياً، وكذلك تستغرق وقتاً طويلاً في الإعداد والتحضير والتجهيز.

> إن عملية تسلسل البرامج خطوة خطوة ليست بالأمر السهل، فإن هذه الخطوة تتطلب معرفة وإدراكاً وقدرة فائقة من قبل مصممي البرامج التدريبية.

> يتطلب هذا الأسلوب من التدريب مصممي برامج معدة ومسجلة مسبقاً، يمتازون بالقدرة والكفاءة العالية والإلمام الجيد بمحتوى المادة التدريبية ومدى تناسقها وترابطها بحيث تكزن متسلسلة ومتناسقة.

> يتطلب هذا الأسلوب من التدريب وجود دافعية لدى المتدربين للتعلم الذاتي.

لاستخدام التعلم المبرمج بفعالية ، فإن المدرب عليه أن يطبق الإجراءات التالية:

1. يشخص صعوبات التعلم الفردية.
2. القيام بتدريب علاجي على أساس فردي.
3. يحفز ويرشد ويوجه كل متدرب .
4. يحدد معدل سرعة التعلم المناسبة لكل متدرب. (توفيق، 2008:166)

أساليب التدريب خارج قاعة التدريب

غالباً يتم تنفيذ البرامج التدريبية في قاعات التدريب، ولكن هناك برامج تدريبية لا يمكن تطبيقها إلاّ خارج قاعات التدريب، وسوف نتناول من هذه البرامج والأساليب التدريبية:

أسلوب الرحلات (الزيارات الميدانية)

تعد الرحلات (الزيارات الميدانية) من أساليب التدريب التي يمكن تنفيذها خارج قاعات التدريب ، والتي تتطلب من المتدربين رؤية ومشاهدة الأشياء والموضوعات التي تدربوا عليها كمولد نظرية في قاعات التدريب، فالهدف الأساسي من

الرحلات (الزيارات الميدانية) هو ربط كل ما تعلمه المتدرب نظرياً بالجانب العملي التطبيقي العملي ومشاهدته على أرض الواقع.

ويعرف توفيق،2007 الزيارة الميدانية بأنها جولة مخطط لها بعناية ،وتهدف إلى إتاحة الفرصة للمتدربين للمشاهدة والملاحظة المباشرة للأشياء والعمليات والمواقف التي لا يمكن نقلها أو إنتاج مثيل لها في مكان التدريب، وقد تستغرق الزيارة الميدانية ساعة أو يوماً كاملاً أو أيام عدة، كقيام المتدربين (المعلمين) لزيارة وزارة التربية والتعليم ،أو زيارة المتدربين لمصنع، أو بنك، أو شركة.

ويعد أسلوب الزيارات الميدانية من الأساليب المتطورة والجيدة لما يمتاز به من أمور منها:

> يتيح الفرصة للمتدرب بأن يشاهد ،ويلاحظ،ويراقب الأشياء على حقيقتها الواقعية الفعلية.

> ربط الأشياء والأمور النظرية بالواقع العملي التطبيقي.

> يتكون لدى المتدرب الفهم والتعلم الجيد نتيجة الزيارات الميدانية، وذلك بسبب استخدامه لأكبر عدد من الحواس.

وللزيارة الميدانية عيوب نذكر منها:

> ارتفاع التكاليف المادية من سفر، إقامة، وجبات طعام ... الخ.

> قد يخلق زيارة المتدربين بأعداد كبيرة إلى مواقع العمل المختلفة التشويش، وإرباك العمل لدى العاملين في المواقع المختلفة.

أسلوب المشروعات التطبيقية Application Project

يشبه هذا الأسلوب التمارين، ولكن يعطي للمتدرب فرصة أكبر لعرض الأفكار المبتكرة، والخلاقة، حيث يقوم المدير بتحديد العمل أو المشروع المطلوب القيام به،ويترك طريقة الوصول إلى الهدف للمتدرب، والهدف من المشروعات التطبيقية هي إتاحة الفرصة للمتدرب للتطبيق والحصول على المعرفة الكافية لدى المدرب من مدى اكتساب المتدرب المعرفة المتوفرة لديه ومعرفة تطبيقها.

ولكن من عيوبها أنه قد يفشل المتدرب في أداء المشروع، وبالتالي يفقد الثقة في دوره وأهميته، وبالمدرب. وقد يوجه للمتدرب انتقادات من قبل المدرب أثناء تنفيذ المشروع تحد من دافعيته في التنفيذ.

أسلوب التدريب عبر الأقمار الصناعية:

يعد هذا الأسلوب من الأساليب التدريبية الحديثة والمتطورة، حيث يتم نقل المعلومات والأفكار والمهارات باستخدام التقنيات الحديثة والتي تتم عبر الأقمار الصناعية، كأن نشاهد عملية جراحية أثناء تنفيذها في مستشفى متقدم، حيث يتم إتاحة الفرصة للمتدربين (الأطباء) بمشاهدة جميع مجريات العملية الجراحية عبر الأقمار الصناعية، ويمكن طرح الأسئلة والاستفسارات مباشرة بين جميع الأطراف باستخدام الميكرفونات.

وتزداد درجة نجاح البرنامج التدريبي عبر الأقمار الصناعية عندما يحظى بأعداد كبيرة من المشاهدين من أماكن بعيدة. ويتميز هذا الأسلوب من التدريب بتقديم برامج متطورة ومتقدمة عن طريق خبراء ومتخصصين وبارزين عبر الأقمار الصناعية. (سكارنه، 2009).

أسلوب التدريب باستخدام الحاسب الآلي:

يعد هذا الأسلوب من الأساليب الحديثة والمتطورة في مجال التدريب ،حيث يبدأ التدريب من خلال هذه الوسيلة بقيام المتدرب بكتابة مجموعة الأسئلة التي يريد أن يستفسر عنها،والتي يجيب عليها الحاسب من خلال التشغيل بنظام خاص،ثم يقوم الحاسب بحصر مجموعة الأخطاء التي ارتكبها المتدرب وكيفية تصحيحها ومن عيوب هذا الأسلوب أن تكاليفه عالية.

أسلوب التدريب باستخدام الأقراص الصلبة والانترنت:

يتم هذا الأسلوب من التدريب بتفاعل المتدربين مع شبكة المعلومات الدولية (الانترنت) والذي ابتكرته جامعةAlabama ويكون بشكل برامج مراسلة باستخدام البريد الالكترونيE . Mail والذي يتضمن مجموعة من الجلسات التدريبية اليومية، حيث يتم تكليف المتدربين بواجبات يجب عليهم القيام بها ،ويتم مناقشة واستفسارات من قبل المتدربين وهناك وسائل يتم تطبيقها في تدريب العاملين، وذلك باستخدام الأقراص الصلبة C.D ROM بحيث يتم تزويد الأفراد (المتدربين) بتلك الأقراص ،وتشغيلها باستخدام الحاسب الآلي ،والتدرب على ما تحتويه من معلومات وخطوات. (توفيق، 2007).

المدربون وأنماطهم

من هو المدرب؟

يشير السكارنه (2009) إلى أن المدرب هو ذلك الشخص الذي يتمتع بالصفات والمهارات التي تمكنه من إيصال الأفكار والمعلومات للمتدربين بصورة سليمة ،تطور من خلالها قدرات ومهارات الآخرين في موضوع المعرفة مدار البحث ،وبطريقة مميزة متواصلة تنم عن قدرات وخبرات يتمتع بها.

وهناك ثلاثة مصطلحات تستخدم بالتبادل لوصف الممارس الذي يعلم ،ويدرب في مجال تنمية الموارد البشرية، وهذه المصطلحات الثلاثة هي:-المعلم Instructor ، المدرب Trainer ، والميسر Facilitator والمصطلحات الثلاثة تشير إلى الشخص المسؤول عن نشر المعلومات، وتزويد الأفكار، المعلومات، المفاهيم ،وتنمية وتطوير المهارات والاتجاهات لدى المتدربين.

السلوكيات المهمة للمدرب

يعد المدرب مصدراً أولياً وأساسياً، وهو أفضل مصدر للتوضيح والشرح، والعرض، وفيما يلي استعراض لأهم السلوكيات للمدرب:

> وصف أهداف البرنامج التدريبي والمصادر والأنشطة وتحديدها مع المتدربين.

> إشراك المتدربين في عملية اتخاذ القرارات.

> توجيه وإرشاد المتدربين نحو الاستقلالية في العمل، وذاتية التوجيه.

> استخدام أساليب متعددة ومناسبة للتدريب.

> استخدام وسائل ومواد تدريبية مناسبة.

> التعامل مع المتدربين كأفراد ومجموعات.

> تقيم أداء المتدرب بصفة مستمرة. (المؤتمر الوطني لتطوير التعليم، 2000)

شروط اختيار المدرب:

> أن يكون مقتنعاً تماماً بأهمية التدريب، والفرد كعامل أساسي من عوامل التنمية الإدارية، حريصاً على تنمية المهارات المطلوبة في المتدربين.

> أن يكون متحمساً، ومهتماً بالتدريب وموضوعه عن رغبة وإيمان شديدين.

> أن يكون ملماً بالمادة العملية التي سيتحدث فيها، لأن الإحاطة الكاملة بموضوع التدريب من أهم الصفات التي ينبغي أن تتوافر في المدرب حتى يحظى باحترام ،واهتمام المتدربين.

> أن تكون لديه الخبرة العملية والممارسة الطويلة بجانب المعرفة العلمية.

> أن يكون قادراً على توصيل رسالة التدريب إلى المتدربين، والمشاركة في تبادل المعلومات والخبرات.

> أن يكون تفكيره منظماً، وعقله بارعاً في استحداث الآراء في مجال تخصصه وتطبيقها، وذلك حتى يكون قادراً على تنمية روح الابتكار لدى المتدربين.

> أن يكون ملماً بمبادئ العلوم النفسية والسلوكية لعملية التعليم.

> أن تتصف أحكامه على الآخرين بالأمانة، والنضج، والموضوعية بعيداً عن التحيز.

> أن يكون لديه شعوراً بأهمية الوقت، والاستفادة منه، والمهارة على التخطيط، والتنظيم، وإدارة الجلسات والتوجيه والمتابعة.

اختيار المدربين

يتنوع الأشخاص الذين يقومون بعملية التدريب، فقد يتم اختيارهم من داخل المؤسسة أو خارج المؤسسة:

1- مدربو الإدارة أو المؤسسة نفسها. تتوافر لدى الإدارة أو المؤسسة المعرفة بالإدارة والمهارة الفنية، والخبرة العملية، لذلك فهم مصدر جيد في إنجاح التدريب.

2- أساتذة الجامعة لما يمتلكون من مهارات التدريب الفعال والمعارف التخصصية.

3- مديرو ورؤساء الإدارات المختلفة.

4- يعتبر مديرو ورؤساء الإدارات المختلفة من ذوي الاختصاصات المتنوعة، عناصر جيدة تستعين بهم إدارة التدريب، لاستثمار معارفهم، وخبراتهم الوظيفية لصالح تنمية القوى العاملة بها.

5- خبراء التدريب من خارج المؤسسة أو الوزارة من المصادر الأخرى للحصول على المدربين، ويمكن استقطاب عدد من الخبراء والمختصين من الذين يعملون في مجالات التدريب والاستشارات في موضوعات معينة لهم خبرة فيها. (الصيرفي،2001:150- 154)

وهناك شروط ينبغي أن تتوفر في المدرب

- الأفضلية لمن يحمل مؤهلاً علمياً أعلى (دكتوراه، ماجستير).
- ألاَّ تقل درجته في الأداء الوظيفي فنياً ومسلكا عن ممتاز خلال السنوات الثلاث الأخيرة.
- أن يكون له إنتاج علمي ومهني (بحوث، دراسات... الخ).
- أن تكون مشاركته فاعلة في الدورات التدريبية التي حضرها.
- أن يجتاز الاختبار التحريري في المادة العلمية. أن يحصل على درجة مرتفعة في المقابلة الشخصية.
- تتوافر في المرشح خصائص المدرب الناجح.

محاذير على المدرب

إذا كنت مدرباً وتريد لنفسك أن تكون مدرباً ناجحاً فاحذر الآتي:

- إصدار الأحكام.
- تقديم آراء قوية لحسم النقاش.
- إعلان رأيك.
- الإجابة عن أسئلة المتدربين مباشرة.
- إنهاء النشاط دون إغلاق.
- إنهاء النشاط دون تطبيق.
- إنهاء النشاط دون مناقشة.. (السكارنه، مرجع سابق)

المدربون وأنماطهم:

لقد أشار الصيرفي إلى مجموعة من الأنماط نذكر منها:

1- المدرب المسيطر المبهر

يتصف هذا النمط من المدربين بالأمور التالية:

- يجيد استخدام أساليب التدريب.
- بسيط وتلقائي في تصرفاته.
- يشجع المتدربين، ويدعم سلوكهم.
- يبدع في استخدام التعبيرات اللفظية وغير اللفظية.
- يبتسم، يميل إلى التفاؤل.

2- المدرب المفكر

- عبقري، صاحب فكر.
- صوته هادئ، متزن.
- لا يتحرك كثيراً في قاعة التدريب.
- سخي في أفكاره ومعلوماته.
- يحترم قيم العمل وأخلاقيات المهنة.

3- المدرب المهرج

- سطحي، مرح، يقضي المتدربون معه وقتاً سعيداً، ولكن على حساب فائدتهم.
- لا يكترث بأخلاقيات المهنة.
- هدفه من التدريب كمصدر للرزق، والشهرة.
- هدفه إسعاد المتدربين، وتكوين علاقات معهم.

4- المدرب الحاكم

- إصدار التعليمات والتوجيهات وعدم السماح للمتدربين بالمشاركة.
- هدفه تنفيذ المنهج التدريبي.
- ينزعج من الجدل والنقاش المفتوح الحر.
- يهاجم المتدربين، ويشعرهم بعجزهم.
- يميل إلى الغرور والتعالي.
- لا يجيد استخدام أساليب التدريب.

5- المدرب المكوكي

> كثير الحركة، مشتت الانتباه بحركته الزائدة.

> غير منظم، واستعراضي في حركاته وتعبيراته اللفظية.

> يتلذذ بخروجه من قاعة التدريب.

> علامات الإنهاك بادية عليه (قطرات من العرق على جبينه).

6- المدرب الآلي

> يستخدم أسلوبا واحداً فقط ولا يغير في أسلوبه.

> ليس لديه حماس.

> يقبل بالتدريب في أي موضوع.

7- المدرب الجليدي

> آلي في السيطرة على مشاعره.

> مرتب ودقيق.

> عصبي في حركته.

> طريقته في العرض تفتقر إلى الروح والحماس والحيوية.

> لا يجيد استخدام الدعابة والمرح والفكاهة.

8- المدرب الملتزم

> يتعامل مع الأمور بحرفيتها.

> لا يعترف بالمرح.

> مواعيد العمل لديه تأتي بالدرجة الأولى.

> لا يكترث برأي، وتقييم المتدربين.

9- المدرب الحر

> يخرج عن السيناريو.

> يثير اهتمام المتدربين بقضايا فرعية لا علاقة لها بالدرس .

> يبهر المتدربين للاستماع إليه، ثم يدرك المتدربون بأنهم لم يستفيدوا شيئاً.

10- المدرب المحبط

> يهاجم كل جهد محلي،ويعظم كل فكر أجنبي.

> يسخر من الممارسات الإدارية المحلية الناجحة.

11- المدرب المشتت

> يدخل في تفاصيل فرعية تربك المتدربين.

> قد يفقد الطريق فلا يعرف كيف يعود إلى البداية.

> يضيع الوقت دون تحقيق أي هدف. (الصيرفي، 2009:136- 141)

أدوار المدرب

لقد طرأت تغيرات ومهمات جديدة على دور المدرب وإدارة التدريب والتطوير ، نذكر من هذه الأدوار ما يلي:

المدرب بوصفه موجهاً

لقد كان التدريب التوجيهي مقتصراً وبشكل تقليدي على كبار التنفيذيين أو الموظفين المهمين، ومع تزايد وعي الأفراد بمزايا هذا الدعم والحوار الثنائي، أصبح المدرب يعمل من خلال عدد من المستويات داخل الشركة الواحدة، فدور المدرب هو توجيه الأفراد لضمان نجاح العمل.

المدرب بوصفه مرشداً

من أدوار المدرب تقديم الإرشاد والتصورات للآخرين ،لذلك على المدرب أن تكون لديه دراسة واسعة باحتياجات ومشاكل المتدربين، وتقديم المعلومات بصورة قابلة للاستيعاب، بهدف ترجمة المدخلات من الآخرين بما يبث الثقة في الموظفين الجدد.

المدرب بوصفه منظماً للدورات التدريبية

يكمن دور المدرب في تقديم المساعدة، وتسهيل العملية التدريبية، لذلك ينبغي على المدرب أن تكون لديه القدرة على الالتزام بالموضوعية، والهدف هو تمكين المجموعة من العمل معاً، وأن يحترم أفرادها وجهات نظر بعضهم مع المشاركة الكاملة.

والمهارات المطلوبة من المدرب للقيام بهذا الدور ما يلي:

> طرح أسئلة مفتوحة.

> الرد الإيجابي على كل إسهام من قبل أفراد المجموعة.

> تشجيع المتدربين على طرح آرائهم.

> العمل على توضيح الحوارات المتضاربة بين أفراد المجموعة.

> مساعدة المجموعة على التوصل إلى استنتاجات.

> التشجيع والمساعدة على اتخاذ القرار.

المدرب بوصفه مقيماً

تستخدم برامج التدريب من اجل تطوير المهارات، والمعارف، التوجهات والسلوكيات لدى الموظفين وفقاً للأهداف المرجوة.ويتمثل التقييم في استخدام أساليب:

> الحكم على الأداء.

> تقديم وتقبل المردود

> تقديم تقارير تقييم مفيدة.

المدرب بوصفه مصمماً لبرامج التعلم عن بعد:

أصبح التعلم عن بعد وسيلة ذات أهمية متزايدة لتطوير مهارات جديدة، حيث يتم تقديم العديد من المؤهلات باستخـدام هذا النمط التعليمـي. عادة لا يكون اتصالاً مباشراً مع المتـدرب ،لذلك ينبغي أن تكون المادة تفاعلية بقـدر الإمكان، كما أن الإيقاع واللغة والمستوى على القدر نفسه من الأهمية. (ثورن، كاى، مكاى، ديفيد، 2008:162- 219)

متطلبات العملية التدريبية

تمر العملية التدريبية بمراحل ومتطلبات يجب الاهتمام والمتابعة بتوفرها في العملية التدريبية نذكر منها ما يلي:

> اختيار المدربين

إن عملية اختيار المدربين ليست عملية سهلة،لأنها تعتمد على تخطيط منظم، وسليم واختيار الأكفأ، وقد يكون المدرب من داخل المنظمة أو من خارجها، ولا بد أن تتوافر في المدرب شروط ومؤهلات وإمكانات تمكنه من تنفيذ التدريب بطريقة فعالة.

> اختيار المتدربين

أي الاهتمام بنوعية المتدربين ومدى ملاءمتهم للبرنامج التدريبي، حيث لا بد من أخيار المتدربين وفقاً للاحتياجات التدريبية، ولا بد من تحديد العدد والمستوى المعرفي والمهاري لهم.

> ميزانية التدريب

من الضروري أثناء تصميم البرنامج التدريبي أن يتم وضع خطة كاملة لتنفيذ البرنامج التدريبي بحيث تحتوي على التكلفة المالية،ورصد مبلغ محدد بعد حساب التكاليف من مدخلان ومخرجات مالية - إيرادات ومصروفات، أي وضع ميزانية يتم إنفاقها على البرنامج والتي تشتمل على أجور النقل للمدربين والمتدربين، أثمان أجهزة ومعدات وقرطاسيه، وأجور مدربين ،ووجبات غذاء للمدربين والمتدربين ...الخ.

> تنفيذ التدريب

بعد تصميم محتوى البرنامج التدريبي يتم الانتقال إلى مرحلة التنفيذ والمباشرة بتنفيذ البرنامج.

> المتابعة وتقييم التدريب

تعد المتابعة عملية مستمرة للتأكد من أن خطة التدريب يتم تنفيذها بدقة لتحقيق الهدف، وتجاوز جميع المعوقات التي قد تعترض سير التنفيذ بصورة مستمرة، أما التقييم فيتطلب معرفة مدى تحقيق البرنامج التدريبي لأهدافه، وبيان نقاط القوة والضعف، ليتم تجاوزها في البرامج التدريبية القادمة.

وتتم مرحلة المتابعة والتقييم للبرنامج التدريبي بأربعة مراحل:

- قبل البرنامج التدريبي.

- أثناء البرنامج التدريبي .
- بعد البرنامج التدريبي.
- متابعة وتقييم المتدربين بعد التحاقهم بالعمل.

أهمية المتابعة والتقييم:

- معرفة مدى تحقيق البرامج التدريبية للأهداف المخططة لها.
- معرفة مدى تحقيق البرامج التدريبية للنتائج المتوقعة منها
- معرفة مدى أهمية الاختيار المناسب للأساليب التدريبية المستخدمة.
- تحديد جوانب القوة والضعف في البرنامج التدريبي.

الطرق والأساليب المستخدمة في المتابعة والتقييم:

> استمارة الاستبيان.

> الاختبارات.

> المقابلات.

> الملاحظات.

> تحليل المشكلات.

> التقارير الدورية. (العزاوي2009: 193- 197)

التقنيات التربوية في التدريب

التقنيات التربوية هي الوسائل المعينة للمعلم أو المدرب والتي تلعب دوراً في تطوير واغتناء العملية التعليمية أو التدريبية، وإيصال المعرفة والخبرة والمهارة للمتعلمين او المتدربين بشكل مباشر وواضح، ومن فوائد استخداماتها ما يلي:

> ترغيب وجذب انتباه المتدرب للمادة التدريبية.

> مساعدة المتدرب على التعلم بسهولة.

> توفير الوقت والجهد للمدرب والمتدرب.

> إيجاد جو نفسي وتربوي في قاعة الدرس، أو المختبر، أو ورشة العمل، بحيث تكسر الرتابة وتزيد من حماس الطلبة.

> زيادة قدرة المدرب على عرض المادة التي يطرحها.

> تنمية استمرار التفكير لدى المتعلمين.

> تكافؤ الفرص التعليمية.

أصناف التقنيات التربوية الحديثة

المرتسمات الشفافة

وهي رقائق شفافة قياساتها 20سم/20سم أو 25 سم /25سم. يتم عرضها بجهاز فوق الرأسOverhead Projector تعرض بشكل مكبر، وموقعها خلف المدرب وفوق رأسه، ومن مزايا هذه التقنية:

- بقاء المدرب على اتصال مع المتدربين.
- يجمع بين عنصرين المشاهدة (النظر) والنطق.
- توفير الوقت والجهد عند تقديم المحاضرة.
- تصلح لتعليم مجموعات كبيرة وصغيرة.

ومن سلبيات استخدامها:

- يتوجب على المدرب أن تكون لديه معرفة كافية بالمادة التدريبية والتكلم بسرعة.
- احتمال انقطاع التيار الكهربائي.

الشرائح (السلايدات)

وهي شرائح شفافة وقياسها 50 ملم /50 ملم تعرض بأجهزة خاصة، ومن مزاياها:

- سهولة عرضها على أبسط الأجهزة.
- سهولة وسرعة عمل الشرائح.
- انخفاض تكاليفها.
- سهولة حملها.

أما من مساوئها فهو تعرضها للتلف بسرعة.

الأفلام الثابتة والأفلام التعليمية

شريط فوتوغرافي مصور يعرض الصور بتعليق صوتي ومن فوائده ما تنطبق على الشرائح. والأفلام التعليمية تصنع من شريط فوتوغرافي بقياس 16ملم ويتم تسجيل الصوت وعرض هذه الأفلام التعليمية على المتدربين بالصوت والصورة.

الدائرة التلفزيونية المغلقة

يتم عرض جهاز التلفزيون كشاشة عرض لبرامج تدريبية، وهي تقنية جامعة للصورة والصوت، ويمكن أن تعرض في:

- القاعات الدراسية.
- قاعات المحاضرات الكبرى.
- المختبر أو الورشة.

تقنية التدريب باستخدام الحاسب الآلي:

الحاسب الآلي من التقنيات الحديثة ،حيث أصبح استخدامه بشكل واسع وكبير في التعليم والتدريب، ولهذه التقنية الحديثة مزايا كبيرة من أنها تستوعب أعدادا كبيرة من المتدربين بوجود مدرب يمتلك مهارة استخدام الحاسوب .

كما أن هناك وسائل ومعينات تدريبية يتم استخدامها بشكل كبير منها:

- المطبوعة: الكتاب، الأدبيات، الملصقات....
- السبورات: الطباشيرية، البيضاء، الورقية، الوبرية، اللاصقة وغيرها. (توفيق1994، السكازنه2009)

تقييم البرامج التدريبية ونظرية النظم

يعتبر تقييم البرامج التدريبية في المنظمات عملية لا غنى عنها من أجل الحصول على معلومات تساعد على تقدير مدى العائد الذي حققته البرامج التدريبية.

وقد عرّف تقييم التدريب على أنه عملية منظمة تتضمن جمع وتمحيص معلومات لاتخاذ قرارات تتمخض عن الاستخدام الأمثل للموارد المتاحة للتدريب تحقيقاً لأهداف المؤسسة. (درة، رسالة المعلم: 40)

ويمكن لنا أن نعرف تقييم التدريب على أنه تلك الإجراءات المنظمة والمخططة التي تقاس بها كفاءة البرامج التدريبية ومدى نجاحها في تحقيق الأهداف المرسومة مسبقاً، وكفاءة المدربين الذين قاموا بتنفيذ التدريب.

النظام

للنظام تعريفات متعددة اخترت منها ما يلي:

النظام: هو الكل المركب من مجموعة عناصر لكل منها وظيفة خاصة، وتربطه علاقات تبادلية شبكية منظمة مع باقي العناصر، تتم ضمن قوانين محددة وقد يكون النظام مفتوحاً يسمح بدخول المعلومات أو الإنكار أو الموارد إليه من البيئة المحيطة. (درة، 1988: 107)

ويعرف الموقف التدريبي على انه نظام مفتوح يتكون من مجموعة من الأنشطة الإنسانية الدينامية والمتنوعة والمتناسقة التي تهدف إلى استخدام الموارد البشرية والمادية والفكرية فيه بما يؤدي إلى اكتساب المتدرب سلوك مرغوب فيه، أو تعديل سلوك لديه. (درة، مرجع سابق: 109-110)

وعند تحليل التعريف السابق يتبين لنا الأمور التالية:-

- أن نظام الموقف التدريبي مفتوح يسمح بدخول المعلومات أو الأفكار أو الموارد إليه من البيئة المحيطة به.
- أن الموقف التدريبي يتكون من مجموعة من العناصر التي تتفاعل فيما بينها من أجل تحقيق هدف معين.
- أن نظام الموقف التدريبي متحرك مستمر حيث يسعى إلى تحقيق أهداف مرغوب فيها.
- أن العنصر الإنساني هو أهم عناصر الموقف التدريبي، فلا قيمة للإمكانات المادية إلاّ إذا وجد الإنسان (مدرباً أو متدرباً) القادر على استخدامها والإفادة منها لتحقيق الأهداف المرغوب فيها.

- يتكون نظام الموقف التدريبي من مدخلات ومخرجات وحدود وعناصر بينها علاقات تبادلية.

يتكون التدريب باعتباره نظاماً مفتوحاً (As an open system) من العناصر التالية:-

1- المدخلات (Inputs) وهي:

أ- مدخلات بشرية تتمثل في الأفراد العاملين في مؤسسة ما ويتعرضون لبرنامج تدريبي معين بهدف إثراء معلوماتهم، أو تطوير مهاراتهم، أو تعديل سلوكهم واتجاهاتهم، كما تتمثل في المدربين (Trainers) المحاضرين ومعاونيهم.

ب- مدخلات غير بشرية تتمثل في الأموال التي تنفع في التدريب والأجهزة والوسائل المستخدمة والقاعات والمقاعد وغيرها من المستلزمات.

ج- المعلومات والطرق والأساليب التدريبية وتشمل الأفكار والنظريات والأساليب والطرق المستخدمة في التدريب.

2- العمليات (processes)

وتنقسم العمليات داخل نظام التدريب إلى ما يلي:

أ- البحث وحصر الاحتياجات وتحديدها.

ب- وضع الأهداف.

ج- تصميم البرنامج التدريبي.

د- تنفيذ البرنامج التدريبي.

هـ - التقويم والمتابعة.

3- المخرجات (Out puts)

وتتمثل في كل ما ينتج عن نظام التدريب من نتائج تكون على شكل تحسين أو عدم تحسين في أداء الأفراد الذين شاركوا في التجربة التدريبية.

4- التغذية الراجعة(Feed back)

وهي معلومات تصحيحية عن المخرجات أو المدخلات أو العمليات ترد من البيئة الخارجية والمستفيدين من البرامج التدريبية، وتقوم بعملية المراقبة للنشاط التدريبي.

تدريب المعلمين وفق أسلوب النظم

يتكون نظام تدريب المعلمين بالمقارنة بأسلوب النظم من:

1- المدخلات: وهي إنسانية ومادية، وتتكون المدخلات الإنسانية من المدربين والمتدربين والادرايين والمساعدين والمستخدمين، والمدخلات المادية: تتكون من الأموال التي تم إنفاقها على البرنامج التدريبي وعلى مكان عقد البرنامج التدريبي والأجهزة المستخدمة في التدريب، وأيضا تتكون المدخلات من المعلومات التي يقوم المدربون بإعطائها للمتدربين.

2- العمليات: وتتكون من الأهداف والمحتوى والبرنامج التدريبي والأسلوب الذي يتم به التدريب وكذلك التقويم للبرنامج التدريبي بعد انتهائه.

3- المخرجات: وهو كل ما ينتج عن التدريب من آثار تعود على المتدرب وتتمثل في الإنسان المتدرب الذي اكتسب مهارات أو معلومات أو نشاطات أو معارف متنوعة أثناء فترة البرنامج التدريبي.

4- التغذية الراجعة: تقوم إدارة التدريب بتلقي المعلومات والبيانات عن البرنامج التدريبي وتلقي نتائج التقويم التي يبين مدى نجاح التدريب حيث تقوم إدارة التدريب بدراسة المعلومات عن البرنامج التدريبي ومن ثم يجري تعديل على البرنامج إن كان هناك خلل فيه؛ والغاية من ذلك التحسين فيه أو إيقافه إن كان هناك عدم فائدة منه.

الفصل الثاني

برامج التدريب التربوي

في وزارة التربية والتعليم الأردنية

التدريب التربوي في وزارة التربية والتعليم:

لا شك أن تدريب المعلمين يعد ضرورة حتمية في أية خطة توضع من أجل إصلاح وتطوير النظام التربوي، وإن مديرية التدريب والتأهيل التربوي في الوزارة تبذل جهوداً كبيرة في وضع الخطط والمسوغات، وآليات تنفيذ هذه البرامج التدريبية، كما وتهدف هذه البرامج التي تنفذها على صقل المهارات التدريبية للمعلمين وإكسابهم مهارات تعليمية جديدة للتعامل مع المناهج والكتب المدرسية الجديدة.

إعداد المعلم أثناء الخدمة:

إن المفهوم الأشمل للتدريب هو تعليم (Education) يتعلق بالنمو المهني الأكاديمي والشخصي للمعلم من خلال تقديم سلسلة من الخبرات والنشاطات الدراسية التي يكون فيها التدريب بمعناه القريب مجرد جانب واحد منها، ويبدأ هذا التعليم بمجرد انتقال المعلم من مرحلة الإعداد الأولي في الكلية أو الجامعة إلى المدرسة ودخوله مهنة التعليم ويستمر ما دام المعلم ممارساً لهذه المهنة إلى أن يتقاعد. (ملكاوي، 1987: 19)

وظائف التدريب أثناء الخدمة:

هناك وظيفة أساسية لبرامج تدريب المعلمين أثناء الخدمة وتتعلق بإقامة حوار بين النظرية والتطبيق والنظر في إمكانية الانتقال من الطموح إلى الإنجاز وهو اتجاه متنام يؤكد التفاعل بين الإعداد الأولي مثل الخدمة والتدريب التالي أثناء الخدمة وهذه الوظيفة أساسية بالنسبة للمعلمين في عملهم المدرسي، وأساسية بالنسبة لمعلمي المعلمين الذين أشرفوا على تدريبهم الأول أو يشرفون على تدريبهم التالي.

مستويات التدريب أثناء الخدمة:

يمكن تقسيم مستويات التدريب إلى:

أ- مستوى المؤسسة التعليمية: على الرغم من أهمية التدريب أثناء الخدمة على المستوى القطري أو الإقليمي، إلا أن الغرض الأساسي من هذا التدريب هو

أن يكون له أثر محدد على التعليم الذي يتلقاه الأطفال في المدارس وبالتالي ينعكس إيجابياً على المؤسسة التعليمية.

ب- المستوى الفردي: على برامج التدريب أثناء الخدمة أن تواجه الحاجات الخاصة بالمعلم الفرد والتي يجري تحديدها من وجهة نظر المعلم نفسه، وستكون برامج التدريب عديمة الفائدة إذا شعر المعلم أن التدريب أثناء الخدمة هدفه هو مجرد الحصول على مؤهل أعلى كمتطلب للوظيفة أو التدريب على مهارات بسيطة تتطلبها المناهج.

الوحدة الأساسية في برامج التدريب أثناء الخدمة

مهما كان طول برنامج التدريب أو قصره، ومهما كان عدد المشتركين فيه او نوعيتهم ومهما اختلفت طبيعة النشاط والأسلوب المستخدمين في التدريب، فإنه سوف يترجم إلى جلسة تدريبية أو جلسات متتابعة، لذا فوحدة التدريب الأساسية هي الجلسة (Session). وللتخطيط لجلسة التدريب يجب تحديد الفرد أو الأفراد المشاركين فيها، والهدف أو الأهداف المراد تحقيقها في نهاية الجلسة، ونوع النشاط الذي سوف يتم أثناءها، والزمن الذي تستغرقه الجلسة، وهكذا... (ملكاوي، 1987: 19 - 41)

لمحة عن تطور برامج تدريب المعلمين في وزارة التربية والتعليم في الأردن

لقد عقد مؤتمر التطوير التربوي عام 1987م وتوصل هذا المؤتمر إلى توصيات في مختلف المجالات: المناهج، والتدريب، والتأهيل، والإدارة، والامتحانات، والكوادر الفنية المساندة والقيادات التربوية وغيرها.

أما في مجال التدريب على المناهج، تم تشكيل فريق مركزي للتدريب عام 1990م، حيث قام الفريق بزيارات مكثفة لمراكز التدريب في جميع أنحاء المملكة، الحكومية منها والخاصة من أجل جمع المراجع والنشرات المتعلقة بالتدريب، وكذلك تم إرسال هذا الفريق في شهر أيلول عام 1990م في دورة تدريبية إلى جامعة (متشجن) في الولايات المتحدة الأمريكية، اطلعوا خلالها على أحدث الأساليب المتعلقة بالتدريب. قام الفريق بعد ذلك بإعداد خطة عامة للتدريب استندت إلى المرتكزات الأساسية التالية:

- شمولية التدريب لكل العاملين في المؤسسة التربوية في المملكة وفي احتياجات عملهم.

- مركزية التخطيط ولا مركزية التنفيذ.

- استمرارية التدريب.

- تكييف التعليم لمراعاة الظروف الفردية بين الطلبة.

- توظيف المعرفة التي يتلقاها الطلبة توظيفاً عملياً في حياتهم اليومية.

- تعميق فهم المعلمين المتدربين لطبيعة المباحث التي يدرسونها، ومحتواها، وأهدافها وطرق تدريسها، وتوجهاتها، وإتقان المعارف والمهارات اللازمة لاستخدام المناهج والكتب المدرسية الجديدة. (مركز التدريب التربوي، 1994: 116)

محاور البرامج التدريبية

ولقد شمل محتوى البرامج التدريبية ثلاثة محاور رئيسة هي:-

- المحور العام: ويتضمن تعريف المتدربين بخطة التطوير التربوي، القائمة على تعليم التفكير الناقد وتكييف التعليم لمراعاة الفروق الفردي، وربط المعرفة بالحياة.

- محور الكفايات التربوية: ويتضمن إكساب المتدربين مهارات التخطيط للتدريس، وإدارة الصف، ومهارات الاتصال الفعال، والتقويم الذاتي، وتقويم المعلمين.

- محور المناهج والكتب المدرسية الجديدة: ويتضمن أساليب التدريس وتطبيق المناهج الجديدة. (الوحش، مرجع سابق: 163)

مرتكزات خطة التدريب

وبعد مرور خمس سنوات على تنفيذ البرامج التدريبية من عام 1991م ولغاية 1996م راعت المديرية العامة للتدريب التربوي في خططها التدريبية المرتكزات التالية:-

أولاً: الاستمرارية في مركزية التخطيط، والتوسع في لا مركزية التنفيذ والمتابعة والتقويم.

ثانياً: تنمية الكوادر البشرية الفنية في مديريات التربية والتعليم في الميدان لتتولى مسؤوليات تنفيذ التدريب وتطوره.

ثالثاً: شمول البرامج التدريبية على الفئات المستهدفة بالتدريب في المرحلة الأولى.

رابعاً: ارتباط التدريب التربوي المباشر بحاجات الأفراد والمؤسسات التعليمية الفعلية العملية. (وزارة التربية والتعليم/ مديرية التدريس التربوي، 1998: 2)

خطط التطوير التربوي ومراحل تنفيذ برامج تدريب المعلمين في وزارة التربية والتعليم في الأردن.

لقد بدأت وزارة التربية والتعليم عن طريق مركز التدريب التربوي منذ عام 1991م في ترجمة توصيات خطة التطوير التربوي الذي عقد عام 1987م المتعلقة بتدريب المعلمين من أجل تطوير العملية التربوية، وإكساب المتدربين معارف ومهارات وأساليب واتجاهات جديدة نحو التعليم.

ولا شك أن تدريب المعلمين يعد ضرورة حتمية في أية خطة توضع من أجل إصلاح وتطوير النظام التربوي.

ولقد بدأ العمل بتدريب المعلمين أثناء الخدمة في مرحلتين رئيسيتين: بدأت المرحلة الأولى منذ عام 1991/1990م حتى عام 1994/1993م، والمرحلة الثانية 1997/1996م وحتى 1999/1998م.

اشتملت المرحلة الأولى على تجربتين، تَّم تدريب معلمي الصفوف من الأول إلى العاشر الأساسي في التجربة الأولى، وركزت على تدريب المعلمين محتوى المادة الدراسية، وأساليب تدريسها لكل تخصص من التخصصات وعلى توجهات التطوير التربوي التي اصطلح على تسميتها بالمحور العام، وتم تدريب المعلمين في هذا المحور تدريباً مكثفاً في الصيف وموزعاً على أيام الخميس طوال العام الدراسي.

أما التجربة الثانية التي بدأت عام 1995/19994م فقد ركزت على مهارات عامة مشتركة لجميع المتدربين بغض النظر عن تخصصاتهم كمهارات المعلمين على أساليب التدريس وإعداد حصص صفية تطبيقية في مختلف المباحث.

ولقد تزامن تطبيق المرحلة الأولى من برنامج تدريب المعلمين مع تطبيق المناهج والكتب المدرسية الجديدة، لذلك أخذت المديرية العامة للتدريب على عاتقها مسؤولية تدريب جميع المعلمين على تطبيق الكتب المدرسية الجديدة.

ولقد تم حصر أعداد المعلمين الذين تدربوا أي في المرحلتين الأولى والثانية في الجدول التالي:

أعداد المعلمين المتدربين خلال الفترة 92/91 ولغاية 99/98

المراحل المتدربين	العام الدراسي	عدد المعلمين
المرحلة الأولى	91/92	13838
	92/93	11112
	93/94	13028
	94/95	5486
	95/96	13276
	المجموع	56740
المرحلة الثانية	96/97	6570
	97/98	16547
	98/99	1725
	المجموع	24842

- المصدر: وزارة التربية والتعليم، الأردن، جداول توزيع المتدربين حسب المبحث والمديرية، مركز التدريب التربوي، عمان، 1999، ص 1-7

أما المرحلة الثانية من برنامج تدريب المعلمين فقد بدأت في العام الدراسي 97/96 واستمرت حتى نهاية العام الدراسي 1999/1998، واشتملت على عدد برامج تدريبية تستهدف المعلمين حديثا في وزارة التربية والتعليم مثل برنامج التدريب على الكفايات التعليمية وبرنامج التدريب وفق الحاجة الذي يستهدف المعلمين الذين يدرسون الصفوف الأساسية من الصف الرابع إلى الصف العاشر، ويهتم البرنامج الأخير بتلبية الحاجات للمتدربين من أكاديمية وتربوية ومشكلات صفية.

وعند النظر إلى توزيع أعداد المتدربين خلال المرحلة الأولى والثانية نجد أن هناك تفاوتا في أعدادهم بين سنة وأخرى، ففي المرحلة الأولى من تنفيذ البرنامج التدريبي للمعلمين نجد أن التركيز كان على الكم وليس نوعية المتدربين، وقد اشتمل برنامج تدريب المعلمين في أثناء الخدمة للمرحلة الأولى 91/92-94/95 على تدريب ما يقرب من ثلثي المعلمين وركزت برامج التدريب على ثلاثة محاور رئيسية هي:

المحور العام، ومحور التخصص، ومحور المادة التعليمية.

اهتم المحور العام بتدريب المعلمين بتطبيق توجهات التطوير التربوي مثل رعاية الفروق الفردية، وتنمية التفكير عند الطلبة، وحل المشكلات في الحياة، أما المحور الثاني فقد كان التدريب فيه منصبا على محور الأساليب التربوية والكفايات المهنية المتعلقة بالتخصص وتتضمن إدارة الصف والتخطيط وأساليب التدريس والتقويم. أما المحور الثالث ركز على محتوى المادة التعليمية المتعلقة بالصفوف المختلفة والمواد المتعددة حسب خطة تطبيق المناهج والكتب المدرسية الجديدة.

وعند النظر إلى إعداد المتدربين في العام 94/95، نجد أنه كان أقل من السنوات السابقة؛ قد يرجع ذلك لآن هذه التجربة قد ركزت على إعداد حصص صفية تطبيقية في مختلف المباحث، حيث يقوم المعلم بتطبيق حصة نموذجية لمجموعة من المعلمين بغض النظر عن تخصصاتهم من أجل تدريبهم على مهارات عامة مشتركة.

كان الاهتمام في المرحلة الأولى موجها إلى تدريب أكبر عدد ممكن من المعلمين وقد يرجع ذلك بسبب عدم توفر أدلة للمعلمين الخاصة بكيفية تدريس المباحث أو قد يرجع سبب ذلك لتزامن هذه المرحلة بتدريب المعلمين على المناهج والكتب المدرسية الجديدة .

أما المرحلة الثانية، فقد ركزت على محتوى المادة التدريبية لمعالجة الحاجات الفعلية للمتدربين، وطبقت في هذه المرحلة اللامركزية في وضع محتوى البرنامج التدريبي وتقدير الاحتياجات التدريبية.

البرنامج التدريبي للمعلمين خلال الفترة 1993-1998

أسباب الاهتمام بتدريب المعلمين أثناء الخدمة

يعود الاهتمام ببرنامج تدريب المعلمين أثناء الخدمة إلى أسباب عديدة منها الأخذ بمبدأ التربية المستمرة.

- معالجة وتصحيح بعض ثغرات برامج إعداد المعلمين.
- رفع كفاية بعض المعلمين الذين التحقوا بالمهنة دون إعداد كاف، أو فعال.
- إدخال مناهج جديدة.
- حدوث تطورات كثيرة في مفاهيم ووظائف وأساليب التدريب أثناء الخدمة.
- تدني مستوى تحصيل التلاميذ.
- عدم انسجام الأساليب التدريبية التي يُعلم بها الطلبة مع الاتجاهات التربوية الحديثة في التعليم.
- التطور الجديد للمناهج والكتب المدرسية، يتطلب الإلمام بمضامينها.
- حاجة الكثير من المعلمين إلى استخدام أساليب التقويم الفعال، والتخطيط الشامل وإدارة الوقت.

(النهار، بطاح، فريحات، 1992: 1) (جماعيني، 1990: 25)

ويعود السبب المباشر لتدريب المعلمين أثناء الخدمة في المرحلة الأولى إلى أن هذه المرحلة قد تزامنت مع فترة تغيير المناهج والكتب المدرسية، ففي العام الدراسي 92/91 تم تغيير مناهج وكتب الصفوف الأول والخامس والتاسع، وفي العام الدراسي 93/92 تم تغيير الكتب المدرسية للصفوف الثاني والسادس والعاشر، وفي العام 94/93 تم تغيير الكتب المدرسية للصفوف الثالث والسابع، وفي العام الدراسي 95/94 تم تغيير الكتب المدرسية لصفوف الرابع والثامن.

مراحل تنفيذ خطة تدريب المعلمين من عام 92/91 إلى عام 99/98

المرحلة الأولى: التدريب التربوي المرتبط بتطبيق المناهج والكتب المدرسية الجديدة91- 95

تزامن تدريب المعلمين مع تطبيق المناهج والكتب المدرسية الحديدة لذلك أخذت مديرية التدريب على عاتقها تدريب جميع المعلمين الذين ينفذون تطبيق الكتب المدرسية الجديدة. وتم تدريب الأعداد المبينة أدناه في الجدول من المعلمين خلال المرحلة الأولى.

أعداد المعلمين المتدربين والفئة المستهدفة في التدريب في المملكة

العام الدراسي	عدد المعلمين	العام الدراسي
المعلمين الذين يدرسون صفوف 9،5،1	13838	91/92
المعلمون الذين يدرسون صفوف 10،6،2	11112	92/93
المعلمون الذين يدرسون صفي 7،3	13028	93/94
المعلمون الذين يدرسون صفي 8،4	5486	94/95
المعلمون الذين يدرسون صف 11	13276	95/96
المعلمون الذين يدرسون 12	6570	96/97

- المصدر: وزارة التربية والتعليم، مديرية التدريب التربوي، مراحل تدريب وإعداد المتدربين، 1999، ص1

وتم توزيع تدريب المعلمين في المرحلة الأولى على مدى ست سنوات لارتباطه بتطبيق المناهج والكتب المدرسية الجديدة وتم استثمار يوم الخميس بشكل أساسي لتدريب المعلمين فيه بحيث تم تدريب المعلمين في كل فصل لمدة 8 أيام.

ومن خلال تنفيذ المرحلة الأولى من التدريب كانت المديرية العامة للتدريب تقوم بإعداد المواد التدريبية، وطباعتها، وإنتاجها، وتوزيعها على المديريات. وحيث إن المواد المطبوعة كانت تصل إلى المدربين قبل وقت قصير من بدء التدريب ما يؤدي على عدم تمكن المدرب من إتمام استعداده للتدريب فردياً.

كانت مديرية التدريب تقرر طبيعة المواد التدريبية وإنتاجها وتوزيعها على المديريات المختلفة من أجل تنفيذها. ويعني هذا مركزية التخطيط والإعداد، ولا مركزية التنفيذ. يضاف إلى ذلك وان طبيعة المواد التدريبية كانت غالباً تركز على النواحي النظرية، حيث بدأ التدريب عام 1991م بصورة مركزية وقامت الوزارة بالتخطيط للتدريب، وإعداد خطط التدريب لجميع المباحث وضعت تصورات محددة لتنفيذ البرنامج، وحددت المواد التدريبية، ووزعتها على المديريات، وبينت أدوار كل من المدرب والمتدرب والمدة الزمنية في تنفيذ البرنامج التدريبي.

المرحلة الثانية: برنامج تدريب المعلمين المرتبط بالحاجات التدريبية

بدأت هذه المرحلة في العام الدراسي 96/95 وانتهت في العام 99/98 واستهدفت تصميم برنامج تدريبي يتفق مع حاجات المعلمين الفعلية.

من مسوغات هذه المرحلة من التدريب:-

أ. التدريب عملية مستمرة لا تنتهي عند حد معين، أي أن التدريب لا ينتهي عند انتهاء المرحلة الأولى التي ارتبطت بالمناهج والكتب المدرسية الجديدة.

ب. قدرة المعلمين في هذه المرحلة على تحديد حاجاتهم التدريبية بعد أن اشتركوا في التدريب خلال المرحلة الأولى.

جـ . التركيز في هذه المرحلة على الجانب التطبيقي في عملية التدريب.

وتستهدف هذه المرحلة من التدريب المعلمين الراغبين في الاشتراك في البرنامج التدريبي والذين يدرسون الصفوف (4 -10) في المرحلة الأساسية في مختلف المباحث على أن يكون المعلم قد اشترك في برنامج تدريبي واحد في المرحلة الأولى.

أما محتوى التدريب في هذه المرحلة فتكون من خلال استبانه تقوم عينة عشوائية من المعلمين بتعبئتها وذلك بذكر عدد من الحاجات التدريبية التي يحتاجها المعلمون في الميدان من أجل تطبيقها ومن ثم ترتيب هذه الحاجات التدريبية الفعلية ليتم اختيار الأكثر أولوية منها.

أما آلية تنفيذ هذا البرنامج التدريبي فتكون بنقل التدريب من الغرفة التدريبية إلى الميدان العملي. كانت اللقاءات التدريبية على شكل ورش تدريب ركزت على التطبيق العملي لتوظيف المتدربين على إحداث التغيير في أدائهم في غرفة الصف.

أهداف البرنامج التدريبي والفئات المستهدفة في تنفيذه

لقد هدفت برامج التدريب فيما يخص المعلمين إلى تمكينهم من :-

- فهم الأسس التي بنيت عليها المناهج الجديدة.
- تنمية تفكير المتعلمين وقدراتهم على اتخاذ القرارات وحل المشكلات.
- مراعاة الفروق الفردية بين الطلبة وتوجيه تعلمهم نحوها.

- إتقان مهارات التخطيط والتنفيذ والتقويم.

- إتقان الكفايات المهنية الخاصة بتدريس المباحث المختلفة.

- إتقان المادة النظرية المتعلقة بالمناهج الجديدة.

تنسجم الأهداف أعلاه مع نصوص نظام الخدمة المدنية المتعلقة بتدريب الموظفين. حيث تنص المادة 109أ من نظام الخدمة المدنية رقم "1" لسنة 1998م على ما يلي:-

"ويهدف إيفاد الموظفين في بعثات علمية أو دورات تدريبية إلى رفع مستوى الأداء الوظيفي للعاملين في الدوائر عن طريق إتمام دراساتهم، والحصول على درجات علمية، والتخصص في الفروع المختلفة للعلوم، والاطلاع على نواحي المعرفة النظرية والتطبيقية والإحاطة بها وحضور مساقات دراسية واكتساب مهارات علمية وعملية".

وكذلك تنص المادة 109ب على ما يلي:-

"تطبيق البرامج التدريبية المتضمنة في المسار التدريبي الذي يقره مجلس التنمية الإدارية لغاية رفع كفاءة وسوية موظفي الجهاز وفقاً للآلية التي يطبقها معهد الإدارة العامة". (ديوان الخدمة المدنية، الأردن، نظام الخدمة المدنية، عمان، 1998، ص69).

الفئات المستهدفة في البرنامج التدريبي

استهدف برنامج التدريب في مرحلته الأولى تدريب جميع العاملين وفقاً للصفوف التي يدرسونها منذ العام الدراسي 92/91 ولغاية العام الدراسي 97/96. تم تغيير المنهاج والكتاب المدرسي لمجموعة من الصفوف خلال تلك الفترة ويتزامن مع هذا التغيير تدريب المعلمين الذين يدرسون تلك المناهج والكتب الجديدة. وقد أشارت الإحصائيات إلى أن عدد المعلمين المتدربين في المرحلة الأولى التي استغرقت ست سنوات ما يقارب الستين (60) ألفاً. (وزارة التربية والتعليم، مديرية التدريب التربوي، الأردن، مرجع سابق، ص6)

أما المرحلة الثانية من برنامج تدريب المعلمين فقد مرت بثلاثة مسارات، استهدف المسار الأول تدريب المعلمين الجدد، واستهدف الثاني تدريب المعلمين الذين

لم يتدربوا سابقاً (المعلمين الجدد بالإضافة إلى المعلمين الذين لم يشتركوا في التدريب خلال المرحلة الأولى)، أما المسار الثالث فهو التدريب المرتبط بالحاجة والرغبة واستهدف تدريب المعلمين الراغبين في الاشتراك في البرنامج التدريبي الذي تم تصميمه وفق الحاجات التدريبية التي حددها المعلمون أنفسهم، من المعلمين الذين يدرسون (4- 10) في مختلف المباحث على أن يكونوا قد اشتركوا في التدريب سابقاً. (وزارة التربية والتعليم، مديرية التدريب التربوي، خطة التدريب للعام الدراسي 98/97، ص 1-2)

وتشير الإحصائيات بأن عدد المعلمين المتدربين في المرحلة الثانية كان ما يقارب (33797) متدرباً. (وزارة التربية والتعليم، خطة التدريب للعام 98/97، ص3)

آلية تنفيذ البرنامج التدريبي للمعلمين خلال الفترة 98/93

الجدير بالذكر أن مركز التدريب التربوي في وزارة التربية والتعليم هو الجهة المسؤولة عن تنفيذ خطة تدريب المعلمين بالتعاون مع وزارة التربية والتعليم ومع مديريات التربية والتعليم، حيث تقوم بإعداد المواد التدريبية وتنفيذها والإشراف عليها ومتابعتها وتقويمها، ففي المرحلة الأولى كان البرنامج التدريبي يتماشى مع خطة تطبيق المناهج والكتب المدرسية الجديدة. كان تنفيذ البرنامج التدريبي يتم خلال العام في أيام الخميس وبمعدل 6-8 أيام تدريب في كل فصل.

عند ملاحظة آلية تنفيذ البرنامج التدريبي للمعلمين خلال المرحلة الأولى رأينا تزامناً ومواكبة في تطبيق المناهج والكتب المدرسية الجديدة، وقد كان هناك مركزية في تخطيط وإعداد المادة التدريبية، والإشراف عليها، ومتابعتها وتقويمها من قبل مديرية التدريب في المركز.

أما المرحلة الثانية فيعد التدريب عملية مكررة بالنسبة للمتدربين فقد تدربوا على أساليب التدريس المتنوعة حسب تخصصاتهم، وعلى كيفية التخطيط والتقويم للمباحث المختلفة؛ أما طريق اختيار المتدربين في هذه المرحلة فهي طريقة جيدة من أجل الوقوف على الاحتياجات الفعلية للمتدربين من أجل وضع وتصميم المادة التدريبية المناسبة حسب احتياجات المتدربين.

برامج التدريب في وزارة التربية والتعليم

إدارة التدريب والتأهيل والإشراف التربوي

لقد أنشئت إدارة التدريب والتأهيل والإشراف التربوي عام 1991 بقرار من لجنة التربية والتعليم من أجل تنمية الكوادر التربوية في الوزارة وذلك من خلال التدريب والتأهيل والإشراف التربوي.

ولقد عقد مؤتمر التطوير التربوي الأول عام 1987 وهدف إلى نقل أثر تنمية العاملين إلى الغرفة الصفية والمواقف التربوية من اجل رفع كفاءة مخرجات التعليم.

وتعتبر إدارة التدريب والتأهيل والإشراف التربوي من الإدارة الفنية والتي تضم ثلاث مديريات هي: مديرية التدريب التربوي، مديرية الإشراف التربوي، مديرية التأهيل التربوي

التدريب في وزارة التربية والتعليم/ الاردن.

إن من أهم مسوغات التدريب ما يلي:

- نتيجة للتطور المستمر في العلوم والنظريات التربوية فإن ذلك يتطلب تدريبا مستمرا.
- تعزيز نقاط القوة ومعالجة نقاط الضعف التي تكشف عنها عملية التقويم الدائمة للتدريب.
- مواكبة متطلبات القرن الحادي والعشرين ومواجهة تحدياته من خلال برامج محوسبة تعليمية.
- الاهتمام بالجانب العملي، وتنمية التفكير الناقد ومراعاة الفروق الفردية.

ومن الأهداف التي يسعى التدريب لتحقيقها ما يلي:

- تلبية الاحتياجات التدريبية للمتدربين.
- مواكبة المستجدات في المجالين التربوي والعلمي.
- رفع مستوى كفاءة الفئات التربوية وتحسين أدائها.
- إكساب المتدربين مهارات حاسوبية، ومهارات تصميم وتنفيذ أنشطة وبرمجيات تعليمية ومهارات اجتماعية مثل التواصل والاتصال، وأن جميع هذه المهارات

تعود بالنفع والفائدة للمتدرب نفسه وكذلك تؤدي إلى تعلم الطلاب بطريقة أفضل وتحقق الأهداف المرجوة.

برامج التنمية المهنية والشخصية المستدامة لموظفي وزارة التربية والتعليم في الأردن.

لقد احتلت برامج التدريب مكانة مهمة في خطة التطوير التربوي، حيث واكبت هذه البرامج المتغيرات الخارجية من ثورة معرفية وتكنولوجية هائلة والمتغيرات الداخلية الممثلة في التوسع في عملية تأسيس العمل التربوي.

ولقد قامت وزارة التربية والتعليم بتوثيق البرامج التدريبية التي يشارك بها موظف وزارة التربية والتعليم ومنحه حوافز مادية المتنوعة وذلك حسب طبيعة البرنامج التدريبي وساعات التدريب وكذلك قامت الوزارة بطرح فكرة نظام رتب المعلمين وتهدف البرامج التدريبية إلى إعداد موارد بشرية مؤهلة معرفيا وسلوكيا كفؤة تسهم في بناء الاقتصاد المبني على المعرفة .

ولقد أشار دليل التدريب البرامج التنمية المهنية والشخصية إلى تعريف لهذه البرامج على أنها عملية مخطط لها بصورة منظمة قابلة للتنفيذ من أجل الارتقاء بمستوى أداء الموظف من خلال إكسابه المهارات اللازمة وتزويده بالمعلومات وتنمية الاتجاهات الإيجابية لديه لتحسين مستوى العمل استجابة للمتغيرات وحاجات المجتمع.

التعريف ببرامج التدريب التربوي:

إن عملية إعداد برنامج تدريبي يتطلب معرفة بطبيعة الاحتياجات التدريبية للمتدربين وبطبيعة أعمالهم وكذلك وخبراتهم ومدى الاستفادة من تطبيق هذا البرنامج على فئة معينة وبالتالي تؤدي إلى الأهداف المرجوة من التدريب.

وتتألف برامج التنمية المهنية والشخصية المستدامة لموظفي وزارة التربية والتعليم من حلقتين هما:

- الحلقة الأولى/ البرنامج الدولي لقيادة الحاسوب ICDL وهو متطلب سابق للبرامج الأخرى.
- الحلقة الثانية/ وتتكون من البرامج التالية:

أولا: البرنامج الأول، يتألف من قسمين هما:

1 -التدريب الإجباري:

ويركز هذا القسم حول الآليات التي تمكن التربوي من التعرف على المبادئ الأساسية والأخلاقيات التي تحكم العمل التربوي وتوظيف التكنولوجيا في العمل كل حسب طبيعة تخصصه وعمله، من البرامج الإجبارية ما يلي:

أ - أساسيات العمل الوظيفي:

يهدف هذا البرنامج إلى تعريف التربوي المتدرب بالمبادئ الأساسية والأخلاقيات التي تحكم عمله وترجمة هذه المبادئ إلى سلوكيات.

من خلال هذا البرنامج يتعرف المتدرب على فلسفة التربية وقائده التربية والتعليم في الاردن وعلى حقوق وواجبات المعلم وانجازات وزارة التربية والتعليم في مجال التطوير التربوي وعلى ثقافة عامة تتعلق بأمور تربوية وعلاقتها بالثورة المعلوماتية والاتصالات.

ب- توظيف التكنولوجيا في التعليم:

ويهدف هذا البرنامج إلى توظيف التكنولوجيا في التعليم حسب تخصص المعلم مثل برنامج إنتلINTEL.

ج- مهارات الاتصال اللغوي:

ويهدف هذا البرنامج إلى تطوير الاتصال اللغوي للتربوي المتدرب ومنها مهارات اتصال باللغة العربية واللغة الانجليزية.

2 - التدريب الاختياري:

تهدف برامج التدريب الاختيارية إلى تنمية الموظف التربوي المتدرب في المجالات الأكاديمية (حسب التخصص) والمسلكية (معارف، ومهارات، واتجاهات) وقد تعقد هذه البرامج في وزارة التربية والتعليم أو خارج الوزارة مثل المعهد الوطني للتدريب.

ثانيا/ البرنامج الثاني:

يهدف هذا البرنامج إلى توظيف تكنولوجيا المعلومات، فبعد أن يشترك الموظف بالبرنامج الأول يكون قد اكتسب المهارات الأساسية في عملية توظيف التكنولوجيا بعمله ويعمق هذا البرنامج خبرته العملية في هذا المجال إضافة إلى اطلاعه على المستجدات ذات العلاقة.

ثالثا/البرنامج الثالث:

وهو برنامج متخصص لبعض الفئات ويتناول مواضع مهنية عملية مثل سيسكو والصيانة وغيرها.

ويخدم هذا البرنامج العاملين في قطاع الخدمات بالوزارة خاصة ما يتعلق بالنسبة التحقيقية الخاصة بتوظيف الحاسوب بالعمل مثل صيانة الشبكات الحاسوبية(سيسكو)، وصيانة أجهزة الحاسوب(الصيانة العامة)، من خلال تدريبهم على المعارف والمهارات التي يحتاجونها في هذا المجال.

(دليل التدريب البرامج التنمية المهنية والشخصية المستدامة لموظفي وزارة التربية والتعليم/الاردن/عمان 2003)

المهارات الأساسية للمدرب

إن للمدرب دوراً كبيراً في نقل المعرفة والخبرة للمتدربين، لذلك لا بد أن تتوافر فيمن يقوم بالتدريب في أي برنامج تدريبي المهارات الأساسية التالية:

المهارات الإنسانية:

وتتمثل هذه المهارات الإنسانية بما يلي:

- أن يكون صبورا.
- أن يشجع المشاركة.
- أن يكون مرنا.
- أن يكون لديه القدرة على الاتصال والتواصل الفعال.
- أن يثق بالآخرين.

- أن يكون مستمعا جيدا.

- أن يكون حاضر البديهة.

المهارات التنظيمية:

وتتمثل هذه المهارات بما يلي:

- أن يكون قادرا على التخطيط.

- أن يمتلك مهارات إدارة الوقت.

- أن يكون قادرا على إعداد المادة التعليمية اللازمة.

- أن يكون منظما.

- أن يستوعب أساليب التعامل مع الإفراد والمجموعات.

المهارات المعرفية:

وتتمثل أهم المهارات المعرفية بما يلي:

- أن يستوعب المادة التعليمية التدريبية.

- أن يكون قادرا على شرح المحتوى للمتدربين.

- أن يكون قادرا على ربط المادة النظرية بأمثلة واقعية محسوسة.

- أن يكون قادرا على استخدام التقنيات التربوية الحديثة.

- أن ينظر إلى عملية التدريب كعملية استقصائية ويستطيع تنفيذها.

- أن يستوعب دوره كمسهل لعملية التدريب وإتاحة الفرصة للمتدربين للتعلم الذاتي.

- أن يكون قادرا على أن يجد معنى شخصيا لمحتوى المادة التدريبية التي يقوم بتدريبها.

أسس التدريب التربوي في وزارة التربية والتعليم/الأردن

إن عملية إعداد برنامج تدريبي لفئة معينة تتطلب منا معرفة بالأسس التي يجب أن تتوافر في هذه البرنامج ومن هذه الأسس ما يتعلق بالإطار العام للتدريب ومنها ما يتعلق بإعداد المواد التدريبية:

1) الإطار العام: يقوم التدريب على الأسس الآتية:

تحديد الاحتياجات التدريبية وذلك عن طريق إعفاء الميدان الدور الأكثر وخاصة المدرسة في تحديد الحاجات التدريبية للمعلمين.

توظيف التكنولوجيا في عملية التدريب.

2) إعداد المواد التدريبية:أما فيما يتعلق بالمواد التدريبية فكل مادة تدريبية إعدادها يجب أن تتوفر فيها الأمور التالية:

> يكون محتوى المادة التدريبية ينسجم مع حقيقة حاجات المعلمين.

> تستخدم أنشطة عملية واقعية إثناء التدريب.

> تراعي استخدام تكنولوجيا التعليم.

> تبرمج المعرفة بأساليب الوصول إليها.

> لا تستخدم المواد التدريبية إلا بعد تدقيقها وإجازتها من متخصصين.

العوامل التي تسهم بالتدريب الجيد

إن عملية التدريب تتكون من محاور عدة منها:

أهداف التدريب، المتدربين، المدربين، الإمكانات المتاحة، الأساليب التدريبية، المادة التدريبية، مدة التدريب ومكانه، إن جميع هذه الأمور تسهم في مدى فعالية ونجاح التدريب، وتدرج هنا بعض العوامل التي تسهم بالتدريب الجيد:

- وضوح الأهداف.
- تنمية معارف المتدربين ومهاراتهم واتجاهاتهم.
- تفهم توقعات المتدربين.
- استحضار أفكار المتدربين.
- إعطاء أنشطة تدريبية مناسبة لطبيعة محتوى المادة التدريبية.
- عدم إصدار أحكام على استجابات المتدربين (لأن ذلك يقتل الإبداع).

- القدرة على إقناع الآخرين والتأثير عليهم.
- إظهار الاحترام لآراء الآخرين.
- طرح أسئلة تأهيلية للوقوف على الآلية التي يستخدمها المتدربون لتحقيق أهدافهم.
- إعطاء المدربين الوقت الكافي للاستجابة لمتطلبات الموقف التدريبي.
- إتاحة الفرصة للمتدربين لتطبيق الأفكار والمعارف التي تناولها في المواقف الحقيقية وتنسجم وتناسب حياتنا اليومية.

المتابعة والتقييم

المتابعة:

جميع الأدلة والبراهين أثناء إجراء التحليل والتقييم المستمرين للموقف التدريبي وفي العادة يتم طرح الأسئلة الآتية:

- ماذا يحدث وما الذي نمارسه بالفعل؟
- هل تقوم بعمل ما خططنا لعمله؟
- هل ننفذ ما خططنا له؟

التقييم:

إصدار الأحكام واتخاذ القرارات وفق نقاط متفق عليها خلال المتابعة وعند انتهاء العمل.

ويتم طرح الأسئلة التالية:

- كيف ينسجم ذلك مع أهدافنا؟
- هل تم تحقق الأهداف ومعايير النجاح؟
- هل ما يحصل يحقق أهدافنا؟
- ماذا سنفعل الآن؟
- كيف تستخدم هذه المعلومات؟

- لمن سنرسل تقريرا عن ذلك؟

- ما هو التأثير الذي تركه هذا العمل؟

المتابعة والتقييم الشامل للمدرسة

تتم المتابعة والتقييم داخل المدرسة وخارجها، ويمكن أن يتم تشكيل لجنة داخل المدرسة لمتابعة البرامج التدريبية وتشمل مدير المدرسة وبعض الإداريين الذين لا يقومون بالتدريس لفني المختبرات والمرشد وأمين المكتبة وأفراد من المجتمع المحلي، تقوم اللجنة بالتخطيط والمتابعة والتقييم لدعم الخطة التطويرية في المدرسة.

وهناك متابعة وتقييم خارجي لإعطاء صورة عن جودة أداء المدرسة وتحقيقها للأهداف، فيمكن للجنة الخارجية أن تقوم بتفحص التقرير الذي أعدته اللجنة الداخلية ويمكن لهذه اللجنة أن تعمم الممارسات الجيدة وعمل التوصيات وتقديم الدعم إذا كان هناك نقاط ضعف.

ولقد أشارت البحوث والتجارب التي أجريت لمعرفة مدى نجاح أي تدريب على أن رغبة المتدرب في حضور التدريب يأتي في المرتبة الأولى بين عناصر نجاحه ومدى تلبية الحاجات الفعلية للمتدرب والتي تأتي في الأساس في توليد هذه الرغبة، حيث إن عدم إشباع رغبات وحاجات المتدربين يؤدي إلى ظهور مشاكل وعقبات في عملية التدريب، لذا نرى أن وزارة التربية والتعليم قد قدمت حوافز مادية لبعض البرامج التدريبية وإعطاءه رتب تشجيعية كرتبة معلم مساعد ورتبة معلم، ورتبة معلم أول ورتبة معلم خبير.

نظام الحوافز التدريبي ورتب المعلمين

يستطيع التربوي أن ينمي ذاته معرفياً ومهارياً ووجدانياً من خلال مشاركته في البرامج التدريبية التي تعقدها وزارة التربية والتعليم وكذلك يمكن له الحصول على حوافز معنوية ومادية كما يلي:

1 - تمنح رتبة معلم إلى التربوي الذي انهي متطلبات الحلقة الأولى (البرنامج الدولي لقيادة الحاسوب) ويترتب على ذلك حصوله على (10%) من راتبه الأساسي بالإضافة إلى شهادة الرخصة الدولية لقيادة الحاسوب(ICDL).

2 - تمنح رتبة معلم أول للمتدرب الذي انهي (200) ساعة تدريبية من البرنامج الأول (الجزء الإجباري) بالشرط التدريبي اللازم لاستيفاء الرزمة التدريبية ويترتب على ذلك حصوله على 25% من راتبه الأساسي.

3 - تمنح رتبة معلم خبير للمعلم الذي انهي متطلبات الحلقة الأولى (ICDL) 160ساعة تدريبية لها علاقة بمهنة التعليم أو في مجال تخصصه أو عمله وأن يكون قد ألف كتابية على الأقل في مجالات أكاديمية تعليمية أو تربوية أو أعد بحثين أو قام بعملين إبداعين مهنيين متخصصين أصيلين أو اختراعين على الأقل في مجال تخصصه وبما يخدم العملية التربوية شريطة أن يتم اعتماد تلك الكتب والبحوث والأعمال والاختراعات من قبل الوزارة. ويترتب على ذلك حصوله على 50% من راتبه الأساسي.

(مجموعة القوانين والأنظمة والتعليمات التربوية العامة ، 2007)

أساليب مقترحات مفيدة عند تنفيذ المشغل التدريبي:

لقد أشار دليل التدريب لبرامج التنمية المهنية والشخصية المستدامة إلى المقترحات التالية:

أولاً / الجانب التنظيمي:

- تزويد المشاركين بخلاصة أهداف المشغل والنتاجات المتوقعة قبل أسبوعين أو ثلاثة من بدء المشغل التدريبي.

- تحديد أية نشاطات قبلية والتي يمكن إنجازها من قبل المتدربين.

- التحضير للعمل مسبقا وبشكل جيد والوصول مبكرا لتحضر الغرفة والترحيب بالمشاركين.

- توضيح أهداف الشغل التدريبي وطرحه من البداية.

- توضيح توقعات المجموعة منذ البداية، ما الفائدة التي يتوقع آن يحصل عليها المتدربون من الحضور للمشغل التدريبي؟

- تشجيع احترام المشاركين بالتأثير من أنهم يستمعون لبعضهم البعض عند الكلام من استخدام النماذج، وأوراق العمل والنشرات المطلوبة.

ثانياً / الجانب الفني:

- كسر الجمود من تعارف بين الجميع.
- العصف الذهني- تشجيع المشاركين على الإصغاء.
- طرح الأفكار، الانتقال من شخص لآخر أو من مجموعة لأخرى للحصول على اتفاق.
- نشاطات حل المشكلات- مرتبطة بدراسة الحالة.
- النتاجات من المتدربين، نقاش للمجموعة كاملة- جلسة مفتوحة.
- استخدام الأسئلة المفتوحة لجمع الأفكار- وإثارة التفكير والمناقشة. (دليل التدريب لبرامج التنمية المهنية والشخصية المستدامة لموظفي وزارة التربية والتعليم، مدرسة التدريب، 2003).

الفصل الثالث

السياسات التربوية في وزارة التربية والتعليم في الأردن

السياسة التربوية في المملكة الأردنية الهاشمية

لقد ورد في قانون التربية والتعليم رقم 3 لسنة 1994 وتعديلاته لسنة 2007م ما يلي:

فلسفة التربية وأهدافها

تنص المادة الثالثة على ما يلي:

تنبثق فلسفة التربية في المملكة من الدستور الأردني والحضارة العربية الإسلامية ومبادئ الثورة العربية الكبرى والتجربة الوطنية الأردنية وتتمثل هذه الفلسفة في الأسس التالية:

أ- الأسس الفكرية:

- الإيمان بالله تعالى.
- الإيمان بالمثل العليا للأمة العربية.
- الإسلام نظام فكري سلوكي يحترم الإنسان ويعلي من مكانة العقل ويحض على العلم والعمل والخلق.
- الإسلام نظام قيمي متكامل يوفر القيم والمبادئ الصالحة التي تشكل ضمير الفرد والجماعة.
- العلاقة بين الإسلام والعروبة علاقة عضوية.

ب- الأسس الوطنية والقومية والإنسانية:

- المملكة الأردنية الهاشمية دولة عربية ونظام الحكم فيها نيابي وراثي والولاء فيها لله ثم الوطن والملك.
- الأردن جزء من الوطن العربي والشعب الأردني جزء لا يتجزأ من الأمة العربية والإسلامية.
- الشعب الأردني وحدة متكاملة ولا مكان فيه للتعصب العنصري أو الإقليمي أو الطائفي أو العشائري أو العائلي.

- اللغة العربية ركن أساسي في وجود الأمة العربية وعامل من عوامل وحدتها ونهضتها.

- الثورة العربية الكبرى تعبير عن طموح الأمة العربية وتطلعاتها للاستقلال والتحرر والوحدة والتقدم.

- التمسك بعروبة فلسطين وبجميع الأجزاء المغتصبة من الوطن العربي والعمل على استردادها.

- القضية الفلسطينية قضية مصيرية للشعب الأردني والعدوان الصهيوني على فلسطين تحد سياسي وعسكري وحضاري للأمة العربية والإسلامية والأردن بخاصة.

- الأمة العربية حقيقة تاريخية راسخة والوحدة العربية ضرورة حيوية لوجودها وتقدمها.

- التوازن بين مقومات الشخصية الوطنية والقومية والإسلامية من جهة والانفتاح على الثقافات العالمية من جهة أخرى.

- التكيف مع متغيرات العصر وتوفير القدرة الذاتية لتلبية متطلباته.

- المشاركة الإيجابية في الحضارة العالمية وتطويرها.

ج- الأسس الاجتماعية:

- الأردنيون متساوون في الحقوق والواجبات السياسية والاجتماعية والاقتصادية ويتفاضلون بمدى عطائهم لمجتمعهم وانتمائهم له.

- احترام حرية الفرد وكرامته.

- تماسك المجتمع وبقاؤه مصلحة وضرورة لكل فرد من أفراده ودعائمه الأساسية العدل الاجتماعي وإقامة التوازن بين حاجات الفرد وحاجات المجتمع وتعاون أفراده وتكافلهم بما يحقق الصالح العام وتحمل المسؤولية الفردية والاجتماعية.

- تقدم المجتمع رهن بتنظيم أفراده بما يحفظ المصلحة الوطنية والقومية.

- المشاركة السياسية والاجتماعية في إطار النظام الديمقراطي حق للفرد وواجب عليه إزاء مجتمعه.

- التربية ضرورة اجتماعية والتعليم حق للجميع كل وحق قابلياته وقدراته الذاتية.

الأهداف العامة للتربية في المملكة الأردنية الهاشمية

تنبثق الأهداف العامة للتربية من فلسفة التربية وتتمثل في تكوين المواطن المؤمن بالله تعالى المنتمي لوطنه وأمته،المتحلي بالفضائل والكمالات الإنسانية النامي في مختلف جوانب الشخصية الجسمية والعقلية والروحية والوجدانية والاجتماعية بحيث يصبح قادراً في نهاية مراحل التعليم مواطناً قادراً على:

استخدام اللغة العربية في التعبير عن الذات، والاستيعاب الواعي للحقائق والمفاهيم،واستيعاب عناصر التراث، والإسلام عقيدة وشريعة والانفتاح على الثقافات الإنسانية من قيم واتجاهات حميدة واستيعاب الحقائق والمفاهيم والمبادئ والنظريات والتكنولوجيا.

مبادئ السياسة التربوية.

تتمثل مبادئ السياسة التربوية فيما يلي:

أ- توجيه النظام التربوي ليكون أكثر مواءمة لحاجات الفرد والمجتمع وإقامة التوازن بينهما.

ب- توفير الفرص لتحقيق مبدأ التربية المستديمة واستثمار أنماط التربية الموازية بالتنسيق مع الجهات المختصة.

ج- تأكيد أهمية التربية السياسة في النظام التربوي وترسيخ مبادئ المشاركة والعدالة والديمقراطية وممارستها.

د- توجيه العملية التربوية توجيهاً يطور في شخصية المواطن القدرة على التحليل والنقد والمبادرة والإبداع والحوار الإيجابي وتعزيز القيم المستمدة من الحضارة العربية والإسلامية والإنسانية.

هـ- ترسيخ المنهج العلمي في النظام التربوي تخطيطاً وتنفيذاً وتقديماً وتطوير نظم البحث والتقويم والمتابعة.

و- توسيع أنماط التربية في المؤسسات التربوية لتشمل برامج التربية الخاصة والموهبين وذوي الاحتياجات الخاصة.

ر- تأكيد مفهوم الخبرة الشاملة بما في ذلك الخبرات المهنية والتكنولوجية.

ج- التأكيد على أن التعليم رسالة ومهنة لها قواعدها الخلقية والمهنية.

ط- توجيه النظام التربوي بما يكفل تحقيق مركزية التخطيط العام والمتابعة واللامركزية في الإدارة.

ي- الاعتزاز بمكانة المعلم العلمية والاجتماعية لدورة المتميز في بناء الإنسان والمجتمع.

ك- تأكيد أهمية التربية العسكرية والثقافة البيئية. (مجموعة القوانين والأنظمة والتعليمات في التربوية العامة2007: ص ص: 8-12)

الإستراتيجية الوطنية للتعليم

تنسجم الإستراتيجية الوطنية للتعليم مع فلسفة التربية والتعليم والأهداف والسياسات التربوية التي نص عليها قانون التربية والتعليم الأردني رقم 3 لسنة 1994 وتعديلاته كما أن الإستراتيجية الوطنية للتعليم هي خلاصة لحوارات موسعة حول أهمية تنمية الموارد البشرية والإجماع العام على إعداد برنامج وطني متكامل للتنمية الاقتصادية والاجتماعية الذي تشكل التربية عنصراً رئيسياً فيه.

ولقد كان للتوجيهات الملكية السامية لجلالة الملك عبد الله الثاني ابن الحسين المعظم والذي ركز على أهمية بناء اقتصاد أردني يتسم بالتنافسية على المستوى الدولي ،وبالحيوية على المستوى المحلي،وتدعمه جهود مركزة في تنمية الموارد البشرية التي تدفع باتجاه الريادة عن طريق اقتصاد قائم على المعرفة

ولقد تناولت الإستراتيجية مجالات عدة منها:

أولاً: الرؤية الوطنية للتربية والتعليم ورسالتها.

الرؤية: وتهدف إلى إعداد أفراد متعلمين وقوى عمل ماهرة.

الرسالة: تهدف إلى تطوير نظام تربوي عماده التميز.

الثانية: الحاكمية والإدارة والقيادة:

ستقوم وزارة التربية والتعليم بإدارة النظام التربوي عن طريق تفويض للصلاحيات والمسؤوليات وتسهيل أساليب الشراكة مع القطاع الخاص.

ثالثاً: المتعلم:

ستتوفر للمتعلمين كافة فرص الحصول على الفرص التربوية التي يتوافر فيها الاتصاف والعدالة في تقديم الخدمات وأدوات تكنولوجيا المعلومات والاتصالات العصرية.

رابعاً: المناهج الدراسية والتقييم:

ضمان تقييم المناهج من أجل تحسين التعلم وفقاً لمعايير وطنية وعالمية.

خامساً: دعم التعلم في المدارس:

وتعني دعم الموازنة والأدوات، والتكنولوجيا، والمعلمين، والإداريين، والكوادر المساندة.

سادساً: بيئة التعلم:

ومن الاستراتيجيات الوطنية للتعليم تتمثل في إشراك الطلبة والمعلمين والمدربين والمجتمع المحلي في الإسهام في تطوير بيئات تعليمية فعالة وآمنة وداعمة.

سابعاً: المسؤولية المالية:

وتعني أن التعليم الإلزامي مجاناً لجميع الطلاب.

ثامناً: الشراكات والروابط:

وهي استثمار الفرص لإيجاد شراكات مع القطاعات الأخرى والمجتمع المدني حول التطوير التربوي.

تطوير التعليم نحو الاقتصاد المعرفي (Erfke)

إن الكلمة الانجليزية Erfke هي اقتصاد للتعبير التربوي نحو الاقتصاد المعرفي وهي حروف مختصرة للكلمة الانجليزية التالية:

Educational reform for knowledge economy وErfke هو مشروع تربوي قامت به وزارة التربية والتعليم نحو تطوير التعليم نحو الاقتصاد المعرفي ولقد انطلق هذا المشروع في الأول من تموز من عام 2003.

ماذا نعني بالاقتصاد المعرفي؟

هو الاقتصاد الذي يدور حول الحصول على المعرفة، والمشاركة فيها، واستخدامها وتوظيفها، وابتكارها، وإنتاجها، بهدف تحسين نوعية الحياة بمجالاتها المختلفة من خلال استخدام تكنولوجيا المعلومات وتوظيف البحث العلمي.

ما فائدة مشروع الاقتصاد المعرفي؟

تهيئة عمال وصناع معرفة يمتلكون المعرفة ولديهم قدرة على التساؤل والربط والتحليل والابتكار وتوظيف فاعل للبحث والتطوير، وسهولة الوصول إلى الانترنت لأفراد المجتمع.

وفي ضوء الدراسات لتقويم المناهج والكتب المدرسية التي تم إعدادها من قبل الباحثين الأردنيين وكذلك التقارير التي قدمها الخبراء الأجانب لهذه المناهج والكتب المدرسية فقد تركزت ملاحظاتهم على طبيعة واستراتجيات التعلم والتعليم والمناهج والتي كانت مبنية على المفهوم الضيق التقليدي للمناهج وكان يعطي المعلم الدور الرئيسي- ولقد تمخضت التقارير والدراسات إلى تطوير التعليم وضرورة أن يكون للمتعلم دور أكبر وإثارة دافعية الطلبة وتكوين اتجاهات إيجابية لديهم لتحمل المسؤولية في التعليم والقدرة على اتخاذ القرار.

ويشكل مشروع الاقتصاد المعرفي الخاص بالتطوير التربوي ERFKE علامة بارزة وخطوة تهدف إلى تفعيل التغيير التربوي في الاردن، وهو يمثل النوايا المتجهة نحو تطوير المراحل الدراسية الأساسية والثانوية ضمن إطار العمل المكثف والشامل، وهناك أربعة مكونات للتطوير متداخلة ومرتبطة مع بعضها البعض، ثم إقرارها

وتطويرها وثم البدء في تطبيق بداية 2003/7/1 ويتكون هذا المشروع من أربعة مكونات هي:

1- المكون الأول/ إعادة توجيه أهداف واستراتجيات السياسة التربوية من خلال التطوير في مجال القيادة والإدارة التربوية، فالتطوير الإداري المؤسسي للمنظومة التربوية ضروري لتحقيق مخرجات ونواتج تعليمية مرغوب فيها وجوهرية، ولا بد من تطوير وزارة التربية والتعليم لتحقيق كفاءة مؤسسية قوية للقيادة والإدارة لتقود التغيير في المرحلة الانتقالية.

2- المكون الثاني/ تغيير البرامج والتطبيقات والممارسات التربوية وتطويرها لتحقيق مخرجات ونواتج تتماش مع الاقتصاد المعرفي وهناك ثلاث مكونات فرعية للمكون الثاني هي:

- تطوير المنهاج وقياس التعلم.
- التنمية والتدريب المهني.
- توفير المصادر لدعم التعلم الفعال.

3- المكون الثالث/ توفير الدعم والتزويد للأبنية والمرافق المدرسية والظروف المادية النوعية لإيجاد بيئات تعليمية مناسبة، وهناك ثلاث مكونات فرعية للمكون الثالث هي:

- استبدال الأبنية المدرسية غير الآمنة والمدارس المكتظة.
- تحديث المدارس الموجودة ودعم التعلم وتحسينه.
- توفير المباني والمرافق المدرسية التي تتناسب مع الزيادة في النمو السكاني.

4- المكون الرابع/ تنمية الاستعداد المبكر للتعلم من خلال تنمية التعليم في الطفولة المبكرة وهناك أربع مكونات فرعية للمكون الرابع هي:

- زيادة الكفاءة المؤسسية.
- التنمية المهنية لمدرسي رياض الأطفال.
- توسيع قاعدة رياض الأطفال لتشمل الفقراء منهم.
- تعميم المعرفة والفهم للجميع.

ولقد جاء هذا التطوير بوصفة مرحلة ثانية من مراحل التطوير التربوي الذي بدأت مرحلة الأولى عام 89/88 إلا أن هناك سلبيات حالت دون تنفيذ الأفكار ومن أهم هذه المعوقات:
عدم القدرة على التوفيق بين المنهاج الحالي والطرق الجديدة، حيث تبين للمعلمين بأن المنهاج مليء ومكثف، ومجدول بطريقة مقيدة لإبداعات الطلبة ويلزمهم بالكتاب المدرسي المقرر، مما حال دون تقديم طرق أو مصادر تعلم جديدة، كما حال فقدان الدعم من الإدارة ونقص المعدات ووسائل التدريب والإعداد الكبيرة للطلبة دون تغيير أساليب التدريس القديمة وتلافيا لهذه السلبيات فقد جاءت خطة التطوير التربوي الجديدة لتركز على مفهومين هما: المنهاج المحوري، والنتاجات.
ويحدد المنهاج المحوري ما ينبغي على الطالب معرفته وما ينبغي أن يكون قادرا على فعله، إلا انه يترك للمعلم مجالا لاستخدام العديد من الطرق الفاعلة، وتقديم مواضيع إضافية ووسائل تتجاوز الكتاب المدرسي وقادرة على تلبية احتياجات الطلبة.
أما النتاجات فإنها تركز على ما سيتعلمه الطلبة وتشجع المعلمين على تنويع طرق التدريس لتناسب قدراتهم، فالطالب الذي لا يتمكن من تحقيق التعلم بطريقة معينة، على المعلم أن يستخدم معه طريقة أخرى، وأن المباحث تركز على مواضيع عامة كالأمانة والتفكير الناقد وحقوق الإنسان، والعمل الجماعي، واستخدام تكنولوجيا المعلومات.
ولقد قامت وزارة التربية والتعليم بإخضاع جميع المعلمين والمعلمات لدورات تدريبية، بدء تنفيذها في عام 2003 وتم تناول الأساليب والاستراتجيات والطرق الجديدة للتدريس والتقويم.

استراتيجيات التقويم:

إستراتيجية التقويم المعتمد على الأداء	Performance Based Assessment
إستراتيجية القلم والورقة	Pencil And Paper
إستراتيجية الملاحظة	Observation
إستراتيجية التواصل	Communication
إستراتيجية مراجعة الذات	Reflection

أدوات التقويم:

سلم الرصد	Check List
سلم التقدير	Rating scale
سلم التقدير اللفظي	Rubric
سجل وصف التعلم	Learning Log
السجل القصصي(سجل المعلم)	Anecdotal Record

استراتيجيات التدريس:

وتتضمن استراتيجيات التدريس الآتي:

- التدريس المباشر.
- حل المشكلات والاستقصاء.
- التعلم في مجموعات.
- التعلم من خلال النشاط.

استراتيجيات التقويم Assessment Strategies

ومن الاستراتيجيات التقويم التي تم تدريب المعلمين عليها لاستخدامها في المواقف الصفية ما يلي:

أولا/ إستراتيجية التقويم المعتمد على الأداء Per Formanee- based Assessment .

ثانياً/ إستراتيجية التقويم بالقلم والورقة. Pencil and paper

ثالثا/ إستراتيجية الملاحظةObservation .

رابعا/ إستراتيجية التقويم بالتواصل Communication.

خامسا/ إستراتيجية مراجعة الذاتReflection- Assessment Strategy.

إن قيام المتعلم بتوضيح تعلمه، من خلال توظيف مهاراته في مواقف حياتية

حقيقية أو مواقف تحاكي المواقف الحقيقية، أو قيامه بعروض عملية يظهر من خلالها مدى إتقانه لما اكتسب من مهارات، في ضوء النتاجات التعليمية المراد إنجازها.

ومن الفعاليات والنماذج الملائمة لتطبيق إستراتيجية التقويم المعتمد على الأداء ما يلي:

1) التقويم (Presentation):

عرض مخطط له ومنظم، يقوم به المتعلم أو مجموعة من المتعلمين لموضوع محدد، وفي موعد محدد، لإظهار مدى امتلاكهم لمهارات محددة مثل الصور والرسومات والشرائح الالكترونية.

2) العرض التوضيحي (Demonstration):

عرض شفوي أو عملي يقوم به المتعلم أو مجموعة من المتعلمين لتوضيح مفهوم أو فكرة وذلك لإظهار مدى قدرة المتعلم على إعادة عرض المفهوم بلغة واضحة.

3) الأداء العملي (Performance):

مجموعة من الإجراءات لإظهار المعرفة، والمهارات والاتجاهات من خلال أداء المتعلم لمهمات محددة ينفذها عمليا مثل تصميم برنامج محوسب أو صيانة محرك سيارة أو تصفيف الشعر أو تصميم أزياء.

4) الحديث (Speech):

يتحدث المتعلم، أو مجموعة المتعلمين عن موضوع معين خلال فترة محددة وقصيرة وغالبا ما يكون هذا الحديث سردا لقصه، أو إعادة لرواية، أو كأن يتحدث المتعلم عن فيلم شاهدة أو قصة قرأها.

5) المعرض (Exhibition):

عرض المتعلمين لإنتاجهم الفكري والعملي في مكان ما ووقت متفق عليه لإظهار مدى قدرتهم على توظيف مهاراتهم في مجال معين لتحقيق نتاج محدد كأن يعرض المتعلم نماذج أو مجسمات أو صور أو لوحات أو أشغال يدوية أو فنية.

6) المحاكاة/ لعب الأدوار (Simulation/ Role- playing):

ينفذ المتعلم/ المتعلمون حوارا أو نقاشا بكل ما يرافقه من حركات وإيماءات يتطلبها الدور في موقف يشبه موقفا حياتيا حقيقيا لإظهار مهاراتهم المعرفية والأدائية، وهناك مواقف المحاكاة المحوسبة المبنية تقنيا تقدم موقفا على شاشة الكمبيوتر.

7) المناقشة/ المناظرة (Debate):

وهو عبارة عن لقاء بين فريقين للمحاورة والنقاش حول موضوع ما حيث يتبنى كل فريق وجهة نظر مختلفة، حيث تبين قدرة المتعلم على الإقناع وتقديم الحجج والمبررات.

ثانيا: إستراتيجية التقويم بالقلم والورقة (Pencil and paper):

وتتمثل بالاختبارات بأنواعها وتقيس هذه الإستراتيجية قدرات ومهارات المتعلم في مجالات معينة وتهدف قياس مستوى امتلاك المتعلمين للمهارات العقلية والأدائية المتضمنة في النتاجات التعليمية لموضوع معين.

الاختبار:

هو طريقة منظمة لتحديد مستوى تحصيل الطلبة لمعلومات ومهارات في مادة دراسية ثم تعلمها مسبقا من خلال الإجابة على مجموعة من الفقرات ومن مواصفات الاختبار:

- الصدق / وهو قياس الاختبار ما أعد لقياس.
- الثبات/ ويقصد به أن قرن الطالب النسبي لا يتغير إذا أعيد الاختبار على الطالب نفسه ويعني استقرار النتائج عند تكرار تطبيق الاختبار.
- الموضوعية/ وتعني عدم تأثر نتائج المفحوص بذاتية المصحح.
- الشمولية/ ويقصد بها أن يكون الاختبار شاملا للأهداف التدريسية المراد قياسها.

ومن أنواع الاختبارات:

- الفقرات ذات الإجابة المنتقاة:

ويمتاز هذا النوع من الاختبار بالموضوعية حيث يتم تقدير العلامة بعيدا عن ذاتية المصحح مثل فقرات الصواب والخطأ وفقرات الاختبار من متعدد وفقرات المطابقة (المزاوجة).

- الفقرات ذات الإجابة الموجهة:

يطلب من الطالب أن يصوغ الإجابة بكلماته وبأسلوبه وتشمل فقرات التكميل حيث يطلب من الطالب أن يكمل الجمل بوضع الكلمة المناسبة أو شبه الجملة وهناك فقرات الإجابة القصيرة والفقرات الإنشائية.

ثالثا/ إستراتيجية الملاحظة (Observation):

يعتمد التقويم في هذه الإستراتيجية على جمع المعلومات عن سلوك المتعلم ووصفه وصفا لفظيا، حيث تدون فيه سلوكيات المتعلم من قبل المعلم أو المرشد التربوي و ولي الأمر، وتعطي الملاحظة دلائل مباشرة عن تعلم المتعلمين، وتشمل ما يعملون وما يستطيعون عمله وما لا يستطيعون عمله. وتعتبر هذه الإستراتيجية عملية يتوجه فيها المعلم أو الملاحظ بحواسه المختلفة نحو المتعلم، بقصد مراقبته في موقف نشط من أجل الحصول على معلومات تفيد في الحكم عليه وفي تقديم مهارات وقيمه وسلوكه وأخلاقياته وطريقة تفكيره.

رابعا/ إستراتيجية التقويم بالتواصل (Communication):

وهي عبارة عن جمع المعلومات من خلال فعاليات التواصل عن مدى التقدم الذي حققه المتعلم، وكذلك معرفة طبيعة تفكيره، وأسلوبه في حل المشكلات وتعتبر عملية تعاونية بين المعلم والمتعلم وتفيد المتعلم في تطوير قدراته وإمكانياته على التعلم وتعزز قدرة المتعلم على مراجعة الذات وكما تفيد المعلم في التخطيط للتدريس ومن الفعاليات التي تندرج تحت إستراتيجية التواصل:

- المقابلة (Interview):

وهو لقاء بين المعلم والمتعلم محدد مسبقا يمنح المعلم فرصة الحصول على معلومات تتعلق بأفكار المتعلم واتجاهاته نحو موضوع معين.

- الأسئلة والأجوبة:

وهي أسئلة مباشرة بين المعلم والمتعلم لرصد مدى تقدمه وجمع معلومات عن طبيعة تفكيره وأسلوبه في حل المشكلات.

- المؤتمر Conference:

وهو لقاء مبرمج يعقد بين المعلم والمتعلم لتقويم مدى تقدم الطالب في موضوع معين من خلال النقاش.

خامسا/ إستراتيجية مراجعة الذات Reflection Assessment Strategy:

وتعتبر هذه الإستراتيجية مفتاحا مهما لإظهار مدى النحو المعرفي للمتعلم، وهذه الإستراتيجية تعطي المتعلم فرصة لتطوير المهارات فوق المعرفية والتفكير الناقد، ومهارات حل المشكلات وتساعد المتعلمين في تشخيص نقاط قوتهم وتحديد حاجتهم وتقييم اتجاهاتهم.

وهي تمعن جاد ومقصود للآراء والمعتقدات والمعارف من حيث أسسها ومعتقداتها وكذلك نواتجها، في محاولة واعية لتشكيل منظومة معتقدات على أسس من العقلانية والأدلة.

وتعملس هذه الإستراتيجية على تطوير قدرة المتعلمين على تحمل مسؤولية تعلمهم وتنمي مهارات حل المشكلات لديهم وتعزز الثقة بالنفس.

أدوات التقويم

أولا / قائمة الرصد/ الشطب Check list:

تعتبر قوائم الرصد وسيلة فعالة للحصول على معلومات بصيغة مختصرة وتساعد المعلم والطالب على تحديد مواطن القوة الضعف في الأداء بسرعة.

والشطب عبارة عن قائمة الأفعال/ السلوكيات التي يرصدها المعلم أو الطالب إثناء تنفيذ مهمة أو مهارة تعليمية يرصدها المعلم أو الطالب وهي من الأدوات المناسبة لقياس مدى تحقق النتاجات التعليمية لدى الطلبة وعلى سبيل المثال/ صح/ خطأ/ نعم/لا، موافق غير موافق، مناسب/ غير مناسب.

ثانيا/ سلم التقدير Rating scale:

وهي أداة بسيطة تظهر فيما إذا كانت مهارات المتعلم متدينة أو مرتفعة حيث تخضع كل فقرة لتدريج من عن فئات أو مستويات حيث يمثل أحد طرفيه انعدام أو وجود الصفة التي نقدرها بشكل ضئيل ويمثل الطرف الآخر تمام أو إكمال وجودها، وما بين الطرفين يمثل درجات متفاوتة من وجودها.
مثال على ذلك: ما درجة المشاركة الصفية: دائما، غالبا، أحياناً استخدام اللغة العربية الفصحى في كتابة التقرير: ضعيف، مقبول، جيد، ممتاز.

ثالثا/ سلم التقدير اللفظي Rubric :

وهو أحد استراتيجيات تسجيل التقويم، وهو عبارة عن الصفات المختصرة التي تبين أداء الطالب في مستويات مختلفة، إنه يشبه سلم التقدير ولكنه في العادة أكثر تفصيلا منه، يستخدم سلم التقدير اللفظي لتقويم خطوات العمل والمنتج مما يوفر تقويما تكوينيا لأجل التغذية الراجعة.

رابعا/ سجل وصف سير التعلم Learning Log :

يعد سجل وصف سير التعلم تعبيرا مكتوبا يصف به الطالب عملية التعلم وهو يتكون من سجل منظم عبر الوقت يتضمن أراء أو أحداث يسمح فيها للطالب بالتعبير عن رأيه حول خبرات متنوعة يمكن أن يكون قرأها أو شاهدها أو مر بها في حياته الخاصة.

ويمكن تعريفه إجرائيا على أنه سجل منظم يكتب فيه الطالب عبر الوقت عبارات حول أشياء قرأها أو شاهدها أو مر بها في حياته الخاصة حيث يسمح له بالتعبير بحرية عن آرائه الخاصة واستجاباته حول ما تعلمه.

خامسا/ السجل القصصي Anecdotal Records:

وهو عبارة عن وصف قصير من المعلم، ليسجل ما يفعله المتعلم والحالة التي تمت عندها الملاحظة، مثلا من الممكن أن يدون المعلم كيف عمل المتعلم ضمن مجموعة، حيث يدون أكثر الملاحظات أهمية حول مهارات العمل ضمن مجموعة الفريق(العمل التعاوني). (استراتيجيات التقويم وأدواته الإطار النظري 2005،114:41)

نلاحظ مما سبق بأن التقويم عملية مهمة وتعد من أهم عناصر العملية التعليمية التعلمية، إذ تعمل على تحسين الأداء وتطوير العمل المؤسسي التربوي من خلال تكاملية الاتصال بين المعلم والمتعلم والمدرسة والمجتمع.

الفصل الرابع

القيادة التربوية

تمهيد

تعتبر القيادة عنصراً مهماً وفاعلاً في نجاح أي مؤسسة سواء كانت حكومية أم خاصة وهنا يتبادر إلى أذهاننا مقولة نسمعها دائما بأن هذه المؤسسة أو تلك ليست ناجحة بسبب عدم وجود قيادة إدارية ناجحة فعالة، والقيادة الناجحة والمؤثرة لها دور كبير في التأثير على سلوك العاملين نحو الالتزام والانتماء للمؤسسة التي يعملون بها والعمل على تحقيق أهدافها لذلك للقيادة الفعالة تأثير مهم وفعال في نجاح المؤسسة وكذلك في إحداث تأثير ايجابي على سلوك العاملين وأفكارهم ومواقفهم ودرجة الرضا الوظيفي وتحمل المسؤولية والالتزام والتقيد بالعمل.

ما هي القيادة؟

لقد تعددت التعريفات للقيادة، فلقد أورد المختصون تعريفات للقيادة متعددة منها تركز على الجانب السلوكي للقائد ومنها تركز على الجانب الإداري ومنها تركز على الجانب الاجتماعي.

يعرف البدري القيادة على إنها فن التوجيه والتنسيق وتشجيع الأفراد والجماعات لبلوغ الأهداف المطلوبة. (البدري، 184:2002)

ويرى ستوقدل: "القيادة هي عملية التأثير في نشاطات الجماعة لتحقيق الأهداف".

ويعرفها هيث (Hitt) على إنها التأثير في سلوك الآخرين كأفراد وجماعات نحو إنجاز وتحقيق الأهداف المرجوة.

بينما يعرفها همفل (Hemphil) على إنها نشاطات وفعاليات ينتج عنها أنماط متناسقة يتفاعل الجماعة نحو حل المشكلات المتعددة.

ويعرفها ماهر على إنها القدرة على التأثير في الآخرين سواء كان هؤلاء الآخرين مرؤوسين في العمل أو زملاءه أو أعضاء في مؤسسة غير رسمية. (ماهر، 2003)

أما عطوي فيعرف القيادة على إنها السلوك الذي يقوم به الفرد حين يوجه نشاط جماعة لتحقيق هدف مشترك. (عطوي، 2004)

وتعتبر القيادة هي القدرة على التأثير في سلوك المرؤوسين وجعلهم ينفذون أوامر القائد وهذا يوجب على القائد التمتع بصفات شخصية متميزة عن غيره من

الأفراد، والقيادة الفعالة هي ذلك النمط الذي ينمي في الأفراد القدرة لكي يصبحوا أنفسهم قادة والقائد هو الفرد القادر على توجيه الجهود وتنسيقها من أجل تحقيق أهداف التنظيم بفعالية، وهو الرجل المعني بالتغيير في أنماط السلوك وفي جوهر التنظيم من أجل تطويرهم. (نشوان، نشوان، 2004: 34)

وتعرف القيادة على أنها استمالة أفراد الجماعة للتعاون على تحقيق هدف مشترك يتفقون عليه مع القائد ويقتنعون بأهمية، فيتفاعلون معا بطريقة تضمن تماسك الجماعة في علاقاتها وسيرها في الاتجاهات الذي يحافظ على تكامل عملها.

وتعرف القيادة أيضاً بأنها السلوك الذي يقوم به الفرد حين يوجه نشاط جماعة نحو هدف مشترك.

وتعرف القيادة أيضا على إنها العملية التي يتمكن من خلالها القائد أن يؤثر في تفكير الآخرين ويضبط مشاعرهم ويوجه سلوكهم. (عريفج،97:2001)

ويعرفها الغنام على أنها عملية أو مجموعة عمليات يمكن بمقتضاها توفير القوى البشرية والمادية وتوجيهها توجيها كافياً لتحقيق أهداف الجهاز الذي توجد فيه. (الغنام،1974)

ويعرف البدري القيادة على إنها توجيه سلوك الأفراد وتنسيق جهودهم وموازنة دوافعهم ورغباتهم، بغية الوصول بالجماعة إلى تحقيق أهداف المنظمة بكفاءة عالية. (البدري،2002 :28-29)

مفهوم القيادة التربوية

وتقصد بالقيادة التربوية بالقيادة المدرسية وإدارتها.

وإذا تناولنا مفهوم القيادة في الإدارة التربوية، فالمعلمون هم قادة يستطيعون التأثير في سلوك الطلبة، ومدير المدرسة قائد تربوي يستطيع التأثير في سلوك المعلمين بطرق متعددة وذلك باستخدام الحوافز المادية والمعنوية والعمل على تحقيق الأهداف المرجوة والمشرف التربوي قائد تربوي له تأثير كبير في إرشاد وتقديم المساعدة والنصح وتوجيه المعلمين نحو تحقيق أهداف المؤسسة المرجوة.

ويعرف البدري القيادة الإدارية التربوية على إنها مجموعة العمليات القيادية التنفيذية والفنية التي تتم عن طريق العمل الإنساني الجماعي التعاوني الساعي على الدوام إلى توفير المناخ الفكري والنفسي والمادي المناسب الذي يحفز الهمم ويبعث الرغبة في العمل الفردي والجماعي النشط والمنظم من أجل تذليل الصعاب وتكييف المشكلات الموجودة وتحقيق الأهداف التربوية المحددة للمجتمع وللمؤسسات التعليمية.

وإذا تفحصنا التعاريف المتعددة للقيادة فيمكن لنا أن نستخلص الأمور التالية:

1- أن القيادة الإدارية لا بد أن يتوفر لديها: القائد، الأفراد(المرؤوسون)، الموقف والمناخ التنظيمي.

2- أن القيادة هي قدرة القائد على التأثير في سلوك المرؤوسين.

3- القيادة الفعالة هي القيادة التي تنمي في الأفراد القدرة لكي يصبحوا قادة في المستقبل.

4- أن هدف القيادة أن يؤثر القائد في المرؤوسين من أجل الوصول إلى الأهداف المرجوة والمحددة سلفا.

5- القيادة هي فن رفع المرؤوسين للقيام بواجباتهم بثقة وحماس.

6- القائد هو ذلك الشخص الذي لديه برنامج عمل محدد سلفا ويعمل على تحقيقه من خلال المرؤوسين.

7- أن غالبية التعاريف للقيادة قد تركزت على تأثير القائد على سلوك المرؤوسين والعمل على دفعهم للعمل من أجل تحقيق الأهداف للمؤسسة ويعتبر القائد الإداري الناجح هو ذلك الشخص القادر على دفع مرؤوسين لتنفيذ أوامره وتوجيهاته عن رغبة ويستخدم فنون القيادة في الإقناع والحث وتحفيز الأتباع والعمل داخل المؤسسة برغبة واقتناع.

وظائف القيادة

يشير الهواري والبدري وعريفج إلى أن "وظائف القائد تختلف باختلاف نوع الجماعة فقد يكون سلوك القائد دءقراطياً أو استبدادياً ولكن في الغالب فإن القائد يقوم بالوظائف التالية".

1- القائد كمصدر للمنهاج الفكري:

يتوفر لدى القائد المعرفة الكافية في جميع الأمور الإدارية والسلوكية والتي تمكنه من أن يكون المصدر الموضوعي لمعتقدات أفراد جماعته ويعمل على تأصيل القيم والسلوكيات الصحيحة.

2- القائد كخبير:

يعتبر القائد مصدراً للمعرفة والخبرة في الجماعة ولديه معرفة فنية وإدارية تميزه عن غيره.

3- القائد كمبرمج للسياسة:

يتولى القائد بوضع السياسة العامة للجماعة ويحدد الأهداف الإستراتيجية والتكتيكية لها، ويمكن أن يكون مصدر تحديد هذه الأهداف وفق ما يلي:

- ديمقراطي القاعدة(قرار الجماعة من خلال مناقشة موضوعية واتفاق في الرأي).
- الديمقراطي المركزي (من القائد نفسه حيث تقوم الجماعة بتفويضه اتخاذ مثل هذه القرارات).
- من السلطات العليا مثل: الأوامر التي تجري في الرتب العسكرية.

4- القائد كمخطط:

أي يقوم القائد بالتخطيط للأهداف بعيدة المدى وقد تتم عملية التخطيط بمشاركة أفراد الجماعة أو قد ينفرد القائد بنفسه بالتخطيط.

يقوم القائد بوضع الأهداف المحددة للجماعة ووضع خطة تتضمن أساليب العمل ووسائل تنفيذ الخطة والبرنامج الزمني لتنفيذ الخطة.

5- القائد كمنفذ للخطة:

بعد تحديد الأهداف ورسم السياسات فالقائد يقوم بمتابعة تنفيذ الخطة وقد تكون الرقابة مباشرة منه أو تفويض سلطة متابعة التنفيذ من قبل بعض المرؤوسين على ان تتم المتابعة بشكل دوري من أجل تصحيح الخلل وقت حدوثه.

6- القائد كنموذج وقدوة ورمز:

يكون القائد قدوة ونموذجا يحتذي للعاملين في سلوكه وتحمله للمسؤولية وضبطه للعمل ويمثل جماعته ويرعى مصالح مؤسسته ويدافع عنها ويكون رمزا قائما لاستمرار الجماعة.

7- القائد كممثل خارجي للجماعة:

يتولى القائد تمثيل جماعته في تنافسها وعلاقاتها وتفاعلاتها مع الجماعات الأخرى ويكون دائما حريصا على مصلحة جماعته ومؤسسته بالدرجة الأولى.

8- القائد كراع أبوي:

يلعب القائد دور الراعي لرعيته، فيتعرف على أوضاع ومعاناة أعضاء جماعته ويتلمس مشاكلهم ويرعى مصالحهم ويقوم على حل مشاكلهم ومعاناتهم الشخصية فإن هذا الدور يعمل على تقوية العلاقة بين القائد ومرؤوسيه.

9- القائد كسلطة وكوسيط لحل التناقضات:

وهنا يتبين لنا دور القائد في حل النزاعات والخلافات ويستخدم سلطته بحكم مركزه يمنع أية تجاوزات وجدال التي تطرأ بين أعضاء مؤسسته كما ويمنع تجاوز حدود الصلاحيات والمسؤوليات ويقوم بإيقاع العقاب لمن يستحق ذلك.

وهناك بعض الباحثين والكتاب يذكرون وظائف أخرى للقائد منها:

- قوة الشخصية.
- سعة الأفق.
- حسن التعبير.
- يتمتع باتجاهات إيجابية نحو الناس. (البدري،2001: 60- 62) (عريفج،2001 : 102- 105)

القائد والمدير

من خلال استعراضنا لتعريف القائد والقيادة ندرك بأن الموقف القيادي الإداري يتطلب ما يلي:

- قائداً له قدرة على التأثير في الآخرين ولديه مهارات قيادية لازمة لتحقيق أهداف المؤسسة.

- مرؤوسين لديهم القدرة على أداء العمل في المؤسسة.

- موقفاً يقوم أفراد المؤسسة القيام به.

وهناك اختلاف بين القائد والمدير ويكمن ذلك فيما يلي:

- يستمد المدير سلطته من مكانته بين مرؤوسيه.

- تنبع القيادة من الجماعة وتستمد سلطاتها منها أما المدير فإنه يأتي نتيجة قرار يتم من خلاله تكليفه من سلطات عليها، أي يستمد سلطاته من خارج الجماعة، أي يعين بقرار رسمي.

- يشعر أعضاء المؤسسة دوما بالحاجة إلى قائد أما في الإدارة فإن المرؤوسين يقبلون بسلطات المدير خوفا من العقاب.

- يتم تقويم القائد نتيجة لتأثيره في مرؤوسيه واعترافهم به أما تقويم المدير فإنه يتم ضمن اللوائح والأنظمة والتعليمات السائدة في النظام المعني.

دور القيادة The Leadership. Role

القيادة والمديرون.Leaders and Managers

إن العبارات والمصطلحات : القائد، المدير الإداري، تستعمل بالمبادلة والاستعاضة ومع ذلك فهناك اختلافات بين هذه المصطلحات نذكر منها.

المدير:

- يميل إلى أن يكون أكثر معاصرة.

- يحمل مضموناً في امتلاكه درجة مهمة من سلطة اتخاذ القرار.

- يركز على المجريات وعلى التهذيب في صناعة العمل المنظم مثل الأجر، التقويم، توزيع المصادر، قواعد العمل.

الإداري:

يمكن أن يكون أقل في أدائه للوظائف التنظيمية في تنفيذ الأعمال الروتينية.

القائد:

إن مفهوم القائد يركز على نقطتين:

- تصور إستراتيجية القائد فيما يتعلق بإدارة التنظيم.

- مهارات القائد الغير قصريه في رسم صورة كسب المرؤوسين (الإتباع). (Lee

(Bolman,Terrence Deal 1994.p.78

ولقد أشار(ريتشارد ونيكسون) إلى إن القادة يعملون الأشياء الصحيحة بينما المديرون يعملون الأشياء بطريقة صحيحة.

.Leaders "do the right thing while managers" do things right

أن مصطلحات: القائد والمدير ممكن تصورها كخطين متشاطرين بمحور، وأن أوضاع الإقطاع لكل طرف من الخطين يلصق عليه قوي وضعيف، وبناءاً على ذلك فإننا نواجه تصادما مع القادة الأقوياء والذين هم مديرون ضعفاء والمدير القوي هو قائد ضعيف موجود في التربية، وهو ذلك الشخص الذي يضع أنفه في الطحين، وإذنه إلى الأرض وقدمه على الحنجرة وإصبعه باتجاه الريح في محاولة منه لجعل المرؤوسين يتنافسون لكسب رضاه.

وانعكاسا لمفهومي القيادة والإدارة فقد كسب (Mint zberg)، أن السلطة الرسمية تظهر المدير بنفوذ عظيم، وأن نشاط القيادة يتم تصحيحه من حيث كم من هذا النشاط يتم إدراكه لذلك فنحن بحاجة إلى قادة أقوياء وأيضا إلى إداريين أقوياء ولكن لسوء الحظ قد لا نجد مثل هذه التركيبة، وأن غالبية المدارس تأمل في وجود قائد كفؤ ومدير مفضل وناجح وإذا أمكن الحصول على ذلك فسوف تتشكل لدينا مدارس فعالة وذات منحة عالية.

لقد لاحظ ستوجدل (Ralph stogdill) بأن الكثير من الأشخاص الذين قاموا بتعريف القيادة تحت ثلاثة محاور رئيسية:- الأشخاص، الطرق، والأنظمة، وأن المتفحص لهذه التصنيفات يكتشف بأن هناك وجوداً أكثر من هذه العناصر الثلاثة نذكر منها:-

- القيادة التي تركز على المرؤوسين كالشخصية وتأثيراتها.

- القيادة التي تركز على الإنتاج.

- القيادة كفن في الإقناع والاستمالة.

- القيادة كتدريب للتأثير.

- القيادة كأداة في تحقيق الأهداف.

- القيادة كأساس أولي في البناء أو التركيب (الإنتاج).

إن جميع وجهات النظر قد تم مناقشتها والتي تمثل ثلاثة عناصر رئيسة: المرؤوسون (الناس)، الطرق والاستراتيجيات، والنظام، وأن الاختلاف يكمن في درجة التركيز في كل عنصر من هذه العناصر. (Ralph Stogdill, 1974: pp 7-16)

ولقد أشار ستوجدل (stogdill) إلى صفات حيث السمات التالية:-

1- القدرة (الذكاء، والنشاط (اليقظة)، البراعة، العقلية، الأصالة).

2- الإنجاز (الكيان وقوة الانجاز، العلم، المعرفة).

3- المسؤولية، الثقة والاعتمادية، روح المبادرة، الإصرار والمغامرة، الثقة بالنفس، والرغبة في التفوق.

4- المشاركة (النشاط والمخالطة الاجتماعية والتعاون، والتكيف، والدعابة واللطف).

5- الحالة أو المركز (الوضع الاقتصادي، الاجتماعي، والشعبية).

6- الموقف (المستوى العقلي، المركز أو المكانة)، المهارات، اهتمامات وحاجات الإتباع، والأهداف التي سيتم تحقيقها.

تغيير السمة السادسة هي قيادة حقيقية حيث يتم تجميع الخصائص(الصفات) الشخصية المحددة بالإنجاز، وحاجات القيادة التي تظهر في مواقف محددة. (Stofdill, 1974: p.64)

القيادة والجنس Leadership and Gender

لقد أشار (Charol Shake Shaft) إلى أن عدم نجاح المرأة في الإدارة التربوية يعود إلى أن هناك ثلاثة نماذج مفاهمية تستعمل لتفسير هذه الظاهرة:-

- النموذج الأول: موقع أو مكان المرأة، يفترض هذا النموذج أن المرأة مُتعلقة بالمطبخ وليس خارج البيت.

- النموذج الثاني: يفترض هذا النموذج بأن الرجال يتآمرون من أجل إبعاد المراة عن الإدارة.

- النموذج الثالث: نموذج الجدارة: حيث يفترض هذا النموذج بأن الرجال فقط لديهم مهارات واحتياجات تنافسية في النجاح في الإدارة.

ولقد كتبت (Catherine Marshall) بالتعريف الثقافي بدور المرأة كمطابقة لدور الرجل في أنها جذابة، سلبية، معتدلة ومبتهجة كزوجة وأم وكامرأة في المجتمع، وفي دراسة قامت بها على 25 امرأة متعلمة، وجدت بأن معايير الثقافة تتعارض مع الأدوار الإدارية.

ولقد كتبت(Marilyn Loden) بأنه ممكن للنساء أن ينجحن أو يتغلبن على الرجال بدون صفات قيادية أنثوية والتي تزداد في التعقيد في المنظمات الحديثة.

وفيما يتعلق بأسلوب الرجل التقليدي، فلقد أشارت إلى أن المديرة الأنثى تركز على التعاون (فوز- فوز) أكثر من التنافس (فوز- خسارة) المشاركة وفن صنع القرار أكثر من العقلانية، وتقوم المرأة على تطوير الألفة الشخصية من خلال التقمص العاطفي والأحاسيس بدلاً من الدور المُقيد للقيادة.

الأساليب القيادية (Leader ship styles)

تنوعت الأساليب، فمن الأساليب القيادية التي تركز على العمل والإنتاج وهناك أساليب قيادية تركز على الأفراد، ومع الاعتقاد بأن محاولة منهم القيادة كسمات سيكولوجية كانت عديمة الجدوى، حيث أن البحث الذي تم في جامعة أوهايو قد ولَّد نظرية في بداية الخمسينات وأن التركيز في الدراسة قد تركز على السمات السيكولوجية في سلوك القيادة، ولقد تم تطوير أدوات لقياس فاعلية القيادة والتي تهتم بالعلوم الاجتماعية.

إنه من الممكن التعرف على الطرق المختلفة والاستراتيجيات المألوفة (الشائعة) وهنا نتطرق على الاستراتيجيات الأنثوية المتبعة نذكر منها:-

> الملكة إليزابيث الأولى (Queen Elzabeth1)

وتمثل السيطرة القانون، تحيط نفسها برجال ومرؤوسين ورجال خاضعين، وقدمت مارغريت تاتشر نموذجاً لذلك.

> الفتاة الأولى(The First Lady)

تكون لديها القناعة بأن تتدرب على السلطة(النفوذ) خلف العرش، وتتبنى تكتيك بواسطة الكثير من الاتحاد النسائي مثل السكرتيرات والمساعدات.

> المرأة غير الظاهرة (The Invisible Woman)

يكون لديها اهتمام متدنٍ وصورة متدنية للمحيطين، وتحاول أن تتبع الآخرين، وليس لها تأثير.

> المدللة (Delilah)

تستخدم قوة الإغراء لتكسب سيطرتها على التنظيمات الرجالية.

> المرأة المترجلة (المحاربة) (The Amazon)

تكون قائدة للنساء، إن هذا الأسلوب قد يكون ناجحاً عندما يُريد شخص أن ينشئ حزباً أو اتحاداً عن طريق اتباع استراتيجيات فيها نوع من التأثير على أوضاع الآخرين.

> المرأة العظيمة (The Great Woman)

تقوي وتعزز السلطة لديها من خلال الاهتمام والرعاية والتنشئة للأجيال القادمة. (Shakeshaft, Charol, 1993: p.48)

لقد قام هالبن (Halpin) بإبراز عاملين أساسيين في القيادة:-

1- القيادة التي تركز على العمل:

حيث يعمل سلوك القائد على رسم صورة العلاقة بين القائد والمرؤوسين(الأتباع) وفي محاولة لتأسيس نموذج للتنظيم وقنوات الاتصال وطرائق الإجراءات (التنفيذ).

2- الاعتبارية:

التركيز على الأفراد حيث يقود إلى السلوك الذي يسلكه القائد نحو الصداقة، والثقة المتبادلة والاحترام ودفء الحرارة في العلاقات بين القائد والمرؤوسين (الأعضاء). (Halpin, 1966: p.86)

ولقد أشار هانسون (Hanson) إلى بعض الاستراتيجيات الذكورية التي يسلكها القائد نذكر منها:-

> المحارب (The Warrior)

يطبق الإجراءات وينفذها بطريقة المحارب والمقاتل الذي يلتزم بالأوامر والتعليمات وفي الغالب معتاد على إلزام النساء للقيام بأدوارهن كمؤيدات ملتزمات.

> الأب (The Father)

وفي الغالب معتاد على الكسب (الفوز)، ويسعى إلى التأييد والتأثير في الآخرين (نحو الشباب والشابات)، يمثل مراقب جيد للأجيال الشابة.

> الصديق الجيد (المخلص) (The Good Friend)

في الغالب معتاد على تطوير الصداقة مع الزميلات النساء، إما ثقة تامة أو يعتبر النساء مفتاحاً لمصادر المعلومات والنصائح.

> اللاعب(The Play Boy)

يستخدم أسلوب جذب الجنس الآخر (الحقيق والخيالي) لكي يكسب الدعم والرعاية من الزميلات النساء، وفي الغالب يطبق (يتخذ) دوراً تنفيذياً إجرائياً، ويعتمد على أسلوب الخسارة من أجل إثبات قوته.

> الولد الصغير (The Little Boy)

وفي الغالب هذا النوع معتاد على المحاولة يسلك طرقاً أخرى في المواقف الصعبة وخاصة في العلاقة بين النساء العاملات والأتباع، وممكن أن تأخذ هذا الدور أشكال عدة منها:-

- الولد الصغير الغضبان: يكون سلوكه يتمثل بالغضب والاضطراب والعمل المُجبر.
- الولد النشيط: يحاول التملق في الخطاب عندما يكون بين مجموعة من الناس.
- الولد المُحبط: لديه إحباط في تنفيذ الأعمال ويحاول تهذيب العواطف.

صفات القيادة الإدارية التربوية

يشير البدري إلى جملة من الصفات القيادية الإدارية للإدارة التربوية نذكر منها:

- القيادة الإدارية عملية إنسانية:

إن هذه القيادة الإدارية تتكامل مع الإنسان في إشباع رغباته وحاجاته وهدفها تحسين حياة الإنسان. وإن العملية الإدارية القيادية تقوم أساسا على الأفراد ومن أجل خدمة الأفراد، أي أن العامل الإنساني يعتبر من أولويات العملية الإدارية القيادية.

- العملية القيادية الإدارية عملية اجتماعية:

إن العملية القيادية الإدارية تحدث في إطار اجتماعي إنساني تؤثر فيه وتتأثر به وأن الإدارة تنظم لجماعة من الأفراد، هناك قائد ومرؤوسون.

- العملية القيادية الإدارية عملية تربوية:

إن هدف العملية القيادية الإدارية هو تنمية العاملين والمتصلين بها ،وتهدف ايضا إلى تحقيق الأهداف التربوية للمؤسسة التعليمية.

- العملية القيادية الإدارية عملية منظمة:

أي ليست عشوائية وإنما تسير وفق تنظيم محدد وأهداف محددة وتوزع المسؤوليات والواجبات وهناك إشراف ورقابة على تنفيذ أهدافها.

- العملية القيادية الإدارية عملية هادفة

أي إنها تهدف إلى تحقيق غاية أو غايات تربوية ،لذلك عند التخطيط للعملية التربوية يستوجب تحديد أهداف من أجل السعي لتحقيقها. (البدري، 2001: 73- 76)

أهمية المعلومات للقادة الإداريين

تعد المعلومات العنصر الأساسي في مختلف الأنشطة التي تمارسها الإدارة من تخطيط، أو تنظيم أو توجيه أو رقابة وهي ذات أهمية في عملية الاتصال واتخاذ القرارات .

وفي المعجم الموسوعي لمصطلحات المكتبات والمعلومات جاء أن المعلومات هي البيانات التي تمت معالجتها لتحقيق هدف معين أو لاستعمال محدد لأغراض اتخاذ القرارات ،آي البيانات التي أصبح لها قيمة بعد تحليلها أو تفسيرها أو تجميعها بشكل ذي معنى والتي يمكن تداولها وتسجيلها ونشرها وتوزيعها في صورة رسمية أو غير رسمية. (الشامي ،1988)

ويعرف ياغي المعلومات على إنها :البيانات التي تم إعدادها لتصبح في شكل أكثر فائدة للفرد، والتي لها قيمة لمتخذ القرار حيث إنها تعد من الاحتمالات الخاصة بالنتائج المتوقعة مثل الموقف الذي يتخذ فيه القرار. (ياغي،1988،174)

وقسمت البكرتي مصادر المعلومات إلى:

أولاً:مصادر الأولية (Primany Aources)) ومنها:

- الملاحظة Observation
- التجارب Experiments
- البحث الميداني Empirical Research
- التقدير الشخصي Subjective Estimatian

ثانياً:المصادر الثانوية Secondary Sources

- المصادر الخارجية Outside Sources
- المطبوعات ،المنشورات Publications
- الأجهزة الحكومية (Govermental Agencies)

وقسم عبد الهادي وبوعزة مصادر المعلومات إلى:

- مصادر المعلومات الوثائقية(المدونة أو المسجلة): وقد تأخذ شكل الأعمال الورقية (الورقيات)، والسمعيات، والمرئيات والممغنطات والليزرات، والأجهزة.
- مصادر المعلومات غير الوثائقية(الشفاهية): مثل سؤال أحد الزملاء في المؤسسة نفسها أو مؤسسة أخرى والمناقشات بين الزملاء واللقاءات، والاجتماعات في المؤتمرات. (عبد الهادي، وبوغرة،1994)

السمات الأساسية للمعلومات:

إن من أهم السمات التي يجب أن تتميز بها المعلومات:

1- الوضوح (CLARITY):

ويعني أن تكون المعلومات خالية من الغموض، وإن وضوح المعلومات يجعلها أكثر فائدة في المجال المطلوب بها.

2- الدقة (ACCURACY):

وتعني خلو المعلومات من الخطأ، فكلما كانت المعلومات المستخدمة دقيقة كلما كانت أكثر وضوحا وجدية، والدقة صفة لا غنى عنها في مجال أي أداء أو عمل جيد.

3- الشمول (Comprehensiveness):

بمعنى أن تكون المعلومات من الاتساع والامتداد إلى جميع جوانب الموقف أو الظاهرة أو الحدث الذي تمثله ومثال ذلك أن يقوم القائد بتحديد المسؤوليات والصلاحيات وتوزيع المراكز على الموظفين فلا بد له من توفر معلومات كافية وشاملة عن الموظف مثل مؤهله العلمي ودرجة وغيرها من الأمور.

4- التوقيت المناسب (Appropriate Timing):

من المفترض أن تتسم المعلومات بالحداثة، وأن تصل لمتخذ القرار في الوقت المناسب.

5- المرونة (FLEXIBILITY):

تعني قابلية المعلومات عن التكييف للاستخدام بأكثر من مستخدم وكذلك قابليتها للتطوير والتحديث، فالمعلومات التي يمكن استخدامها بوساطة العديد من المستفيدين في تطبيقات متعددة تكون أكثر مرونة من المعلومات التي يمكن استخدامها في تطبيق واحد.

ومثال ذلك تربويا عندما يقوم رئيس قسم التخطيط بتحديد عدد الشعب لكل مدرسة فإنه يحتاج إلى معلومات لتقدير الاحتياجات الحالية والواقعية وعدم

اعتماده على معلومات سابقة وذلك لأنه قد يكون هناك زيادة أو نقصان في أعداد الطلبة، لذلك عليه تقدير الاحتياجات من الشعب بناءا على دراسة الاحتياجات الحالية نتيجة للتغيرات المستجدة أو الطارئة.

6- الإيجاز (CONCISENESE):

تعد المعلومات الجيدة هي تلك التي تكون موجوزة وذلك من أجل نقل ما هو مطلوب بالسرعة والشكل الملائمين، وذلك لأن زيادة المعلومات قد تكون غير ضرورية ومن ثم فهي تشكل عبئا على إنجاز الأعمال، وتكلفة في المعالجة غير الضرورية، وهدرا في الوقت.

دور نظم المعلومات الإدارية في العملية الإدارية

إن دور نظم المعلومات الإدارية هو خدمة المديرين ومساعدتهم على تناول مسؤولياتهم الإدارية بكفاءة وفعالية، وللوصول إلى هذا فإن نظم المعلومات الإدارية غيرت الوسائل والطرق المستخدمة. (البكري، 128:1997)

أولا: نظم المعلومات الإدارية ووظيفة التخطيط:

يعد هنري فايول Henry Fayol وبرنارد Barnard وشيلدون SHELDEN وجوليك GULICK وإيروك URWICK من أهم الرواد الأوائل في مجال تحليل الوظائف، وإن العملية الإدارية تتألف من ست وظائف أساسية، تشكل فيما بينها مزيجا متكاملا يمكن للمدير من خلالها الوصول إلى أهداف وحدته التنظيمية وهي التخطيط والتنظيم والتوجيه والرقابة واتخاذ القرارات والتقييم. (المقابلة، 2004: 491- 250)

والتخطيط هو أول عنصر من عناصر الإدارة وأهمها لأنه الأساس الذي تعتمد عليه العناصر الأخرى فإذا لم تحدد الواجبات والمسؤوليات على أساس من التخطيط المسبق، فليس هناك حاجة إلى التنظيم أو التوجيه أو التنسيق أو التقويم. (STEPHEN,1976:PP.16- 22)

وفي المجال التربوي يعد التخطيط من المهام الأساسية في الإدارة التربوية، فالتخطيط عملية تتجه نحو المستقبل، تحاول التنبؤ بما سيحدث أو بما يراد تنفيذه في المستقبل في ضوء رسم خطط وسياسات الأزمة. (النوري، 1991؛ البدري 2001)

ثانيا: نظم المعلومات الإدارية ووظيفة التنظيم:

للتنظيم تعريفات عدة أهمها أن التنظيم: هو نمط للطرائف التي تترابط بها مجموعة كبيرة من الأفراد أكبر من أن تقوم فيما بينها علاقات وجها لوجه مباشرة، وتؤدي معا أعمالا معقدة بشكل منظم لتحقيق أهداف مشتركة . (حريم، وحداد وكلالدة، وسويدان، وجودة(1998))

تعتبر عملية تحديد المسؤوليات والسلطات والمهمات وتقسيم العمل بين الأفراد يتطلب وجود معلومات كافية ودقيقة وضرورية من أجل القيام بهذه المهمات بفعالية من أجل تحقيق أهداف المنظمة. (مقابلة،51/2004)

وهناك عوامل تنظيمية تؤثر في متطلبات المعلومات ولها تأثير على تصميم نظام المعلومات ومنها:

- حجم المنظمة: كلما كبر حجم المنظمة دعت الحاجة إلى زيادة تشغيل البيانات وبالتالي إلى المعلومات.
- طبيعة عمل المنظمة: إن اختلاف طبيعة العمل يؤدي إلى اختلاف في نوعية البيانات فهناك معلومات اقتصادية ،ومعلومات تربوية ،وخدمية وإنتاجية...الخ.
- فلسفة النظام الإداري للمنظمة: إن المنظمة التي تمارس أساليب رقابية عدة تحتاج إلى معلومات أكثر من المنظمة التي تعتمد أسلوب رقابي واحد. (آل علي، والموسوي،2001)

ثالثاً: نظم المعلومات الإدارية ووظيفة التوجيه:

يعرف التوجيه على أنه: "مجموعة الأنماط السلوكية التي تستخدمها الإدارة في تحفيز الأفراد لإنجاز العمل كما تقتضيه الخطة،ويستلزمه التنظيم". والتوجيه يتضمن بهذا المعنى القيادة، والتحفيز، والاتصالات، وعلى الرغم من اختلاف الإدارات في أنماطها السلوكية عند مواجهتها للمواقف نفسها، إلا أن الحد الأدنى من متطلبات التوجيه يتمثل بتوفير المعلومات عن الأفراد. (الطائي ،1988: 142)

ويعتبر التوجيه مرحلة مهمة وحيوية في العملية الإدارية، حيث إن أسلوب التوجيه يختلف من مدير لآخر،ويعد المدير الناجح هو الذي يستطيع أن يوجه

مساعديه ومرؤوسيه للعمل بفعالية وكفاية لتحقيق الأهداف التربوية والتعليمية ،وقد يكون التوجيه يومياً أو مرحلياً على العمليات وإصدار التوجيهات والتنسيق والمتابعة للأعمال ومجابهة العقبات أثناء التنفيذ. (بستان،وطه،1989)

رابعاً: نظم المعلومات الإدارية ووظيفة الرقابة:

تعتبر عملية الرقابة من وظائف الإدارة وهي عملية التأكد من قيام العاملين بالأعمال التي حددت لهم من اجل تحقيق أهداف المؤسسة ،وتهدف الرقابة إلى اكتشاف الأخطاء في العمل،والعمل على تصحيح هذه الأخطاء بما يكفل الارتقاء بمستوى الأداء،وتقوم وظيفة الرقابة على عملية مقارنة الإنجازات الفعلية بمعايير ومقاييس حددت سلفاً . (الزعبي، وعبيدات،1997) والرقابة هي تلك الوظيفة التي تتعلق بالتحقق من أن الأهداف والخطط والإجراءات والسياسات يتم تنفيذها كما سبق تحديدها مسبقا. (غنايم، والشرقاوي، 1982: 107)

إن عملية الرقابة الإدارية تحتاج إلى معلومات وتقوم نظم المعلومات الإدارية بتزويد المدير بغض النظر عن موقعه بالمعلومات المناسبة، وفي الوقت المناسب، وبالمقدار المناسب، والدقة المطلوبة لكي تمكنه باتخاذ القرارات المناسبة، فهذا النظام هو الذي يربط المديرين بأنشطتهم، ويسهل عليهم عملية الرقابة لأداء مرؤوسيهم. (الدرة والمدهون والحرزاوي، 1994)

خامسا: نظم المعلومات الإدارية ووظيفة اتخاذ القرارات:

يعرف القرار على أنه "الاختيار الأنسب لبديل من البدائل المتاحة أمام متخذ القرار".

وعملية اتخاذ القرارات: هي عملية ديناميكية تتعلق باختيار البدائل التي تتعلق بمشكلة معينة من أجل حلها بعد دراستها وجمع المعلومات الكافية والخاصة بها (الجرايدة، 7:2001)

إن عملية اتخاذ القرارات التربوية السليمة تعتمد أساسا على بدائل تكون مناسبة لاتخاذ القرار وإن استخدام المعلومات في اتخاذ القرارات يسهم في تحسين

نوعيتها، إذ تصبح القرارات مبنية على معلومات موضوعية وشاملة في مراعاتها للاعتبارات الاجتماعية والسياسية والاقتصادية والتربوية. (بلة، النهار،1991)

نظم المعلومات التربوية في الاردن

باشرت المملكة الأردنية الهاشمية بتنفيذ خطة عشرية للتطوير التربوي تضم الأبعاد الأساسية للعملية التربوية، من تطوير مناهج، وكتب مدرسية، وأبنية مدرسية، وتطوير التعليم المهني، وتدريب المعلمين، وتطوير البحث التربوي، وإدراكا لأهمية أن تكون القرارات التربوية مستندة إلى نظام للمعلومات يتضمن مدخلات وعمليات ومخرجات، فقد احتلت مسألة إنشاء قاعدة للمعلومات التربوية وإداراتها أولوية قصوى في سلم أولويات التوجيهات التربوية في المركز الوطني للبحث والتطوير التربوي في الاردن، حيث قام المركز بالتعاون مع وزارة التربية بإنشاء نظام لإدارة المعلومات التربوية وأصبح النظام جاهزا للاستخدام في عام 1991 وقد تضمن قاعدة البيانات الموجودة في المركز معلومات أساسية عن المدارس وعن الطلبة والصفوف والشعب والغرف الصفية، والمرافق التعليمية والمباني، والعاملين في هذه المدارس. (بلة، والنهار، 1991)

اختراع القيادة في مجال التربية والتعليم

إننا نسمع مصطلحات جديدة في أيامنا هذه مثل إعادة تشكيل القيادة Reshaping Leadership، وإعادة التفكير في القيادة Rethinking Leadership اختراع القيادة Reinventing Leadership إن جميع هذه المصطلحات هدفها الابتعاد عن النمط التقليدي في الإدارة كالنمط البيروقراطي، وفي المجال التربوي فإنها تركز على العمل التعاوني المؤسسي داخل المدرسة بين مدير المدرسة والمعلمين والطلبة، وتحمل المسؤولية من الجميع وإن نجاح المؤسسة أو فشلها لا يقع على المدير فقط وإنما يشاركه جميع العاملين معه.

لذلك على مديري المدارس إشراك المعلمين في حل مشاكل الطلبة والتعاون معاً وقد يرجع عدم مشاركة المعلمين في حل مشاكل الطلبة والأمور الأخرى هي عدم ثقة مدير المدرسة بالعاملين معه وعدم اقتناعه بالعمل الجماعي، فعندما يكون العمل جماعياً تشاركياً مسؤولاً من الجميع، تتولد في هذه الحالة لدى العاملين

ثقة بالنفس، وتحمل المسؤولية في إتخاذ أي قرار، وانتماء للمؤسسة التي يعملون بها وكذلك تعمل على خلق قيادات تربوية جديدة.

وكما سبق ذكره فإن القيادة عملية إنسانية اجتماعية، يشارك بها الفرد (الأفراد) فلا يمكن لنا أن نهمل الفرد أو نقلل من قيمته. لكل إنسان اهتماماته ونشاطاته وقيمه ومواهبه فلا نستطيع أن ننكرها، والقيادة الفاعلة هي التي تعمل على إشراك هذه المواهب والاهتمامات الموجودة عند الأفراد وتوظيفها بشكل فاعل وإشعار العاملين بأهميتهم، مما يولد لديهم ثقة بالنفس وتفهم حقيقي نحو المشاركة، وتحمل المسؤولية الجماعية، والانتماء الفعلي للمدرسة.

مصادر قوة/ تأثير القائد

كما سبق فإن القيادة بالدرجة الأولى تعتمد على قدرة القائد في التأثير في المرؤوسين وتعتبر قوة التأثير ضرورية جدا لكي يلتزم المرؤوسين بالتعليمات والأنظمة والقوانين والوصول إلى الأهداف المرجوة التي تم وضعها في الخطة، ولكي يكون القائد لديه القدرة على التأثير، لا بد له أن يتمتع بصفات ومصادر تؤهله للتأثير على المرؤوسين ولقد حدد خمسة مصادر يستند إليها القائد في التأثير على الأخرين وهي:

1- قوة المكافأة Reward Power:

وتعني مقدرة القائد على إعطاء المكافآت للآخرين مثل الرواتب والترقيات والحوافز والجوائز، وكذلك تولد لدى المرؤوسين المعرفة بأهمية القائد وأن لديه القدرة على المكافأة.

2- قوة الإكراه/ العقاب Coercire Power

وتعني قدرة القائد على إيقاع العقوبة بحق من يرتكب أي خطا من المرؤوسين ويجب أن يكون المرؤوسون على علم بذلك.

3- القوة الشرعية Legitimate Power

وتأتي قوة القائد من المنصب أو الوظيفة التي يشغلها، فهناك صلاحيات ومسؤوليات مخولة للقائد وتعطيه الحق بتنفيذها بحق أي عمل إيجابي أو سلبي من قبل المرؤوسين.

4 - قوة الخبرة Expert Power

وهنا تكون قوة القائد مستمدة من معرفته وخبرته والقدرة التي يمتلكها: الإدارية والسلوكية، والفنية، وهنا يدرك المرؤوسين بأن القائد يمتلك الخبرة والمعرفة والقدرة على التصرف والتأثير بالآخرين.

5- قوة الإعجاب/ الاقتداء Referent Power

وهنا يقوم المرؤوسون بتقمص أدوار القائد بسبب إعجابهم به وتقديراً لمكانته ولما يتمتع من سمات وخصائص شخصية. (حريم265 :1997)

قيادة اليوم

يؤكد كوكس وجون هوفر على أربع كلمات أكثر أهمية لقيادة اليوم وهي:

1- احلم Dream:

على الفرد أن يحلم بأكبر الأحلام وأن يزيل الحواجز في الأحلام من أجل بلوغ القمة، أي أن تكون له نظرة مستقبلية هادفة نحو تحقيق هذا الهدف الرفيع.

2- ادرس Study:

أي قم بدراسة أي شيء ليساعدك على تحقيق أحلامك، وتعني الدراسة هنا اكتساب معلومات ومعارف جديدة.

3- خطط Plan:

لا بد لك كقائد أن تصمم خطة واضحة وهادفة للمستقبل.

4- قم بالفعل Act:

بعد الأحلام والدراسة والتخطيط الجيد قم بالفعل، أي التنفيذ ومن خلال تنفيذك لما تم ذكره فإنك سوف تعمل على تحقيق الأشياء والأهداف المرجوة.

إن المهمة الأساسية للقائد الفاعل في مجابهة تحديات الغد القيادية تتمثل في إدراكه بان العاملين معه ليسوا منتجات أو أرقام، فالعاملون يتصفون بالصفة البشرية، فعلينا احترامهم وتقديرهم والثقة بهم لذلك فالقائد الجيد عليه إن يتصف بصفات عدة منها:

1- أن يكون منظما ويعرف كيف يقوم بإيجاد أولوية الأعمال ويعمل على إنجازها وتفعيلها.

2- أن يمتلك فهما جيدا للعاملين.

3- أن يرحب بوجهات النظر الجديدة بشرط أن تكون إيجابية وفي مصلحة العمل ونحو تحقيق الأهداف المرجوة.

4- الثقة بالنفس والقدرة على اتخاذ القرار.

5- أن يكون لديه وعي لروح الفريق والعمل الجماعي التشاركي الفعال.

خصائص القيادة التربوية ومتطلباتها

يمكن تحديد خصائص القيادة التربوية ومتطلباتها:

أولا: إن العنصر الأساسي في القيادة التربوية هو الإنسان

إن القيادة التربوية تتعامل مع الطالب والمعلم والإداري والفني، ولقد كانت القيادة التربوية قديما تركز على النظام والانضباط والتقيد بالتعليمات والأنظمة وإيقاع العقوبات المتنوعة على الطالب، والإحباط الذي تتركه عند المعلم حين تكون إجراءات تفتيشية للاطلاع على أدائه مما يولد لديه خفض الروح المعنوية، أما القيادة التربوية الحديثة حيث تعتبر أن الطالب هو المحور الرئيسي للعملية التعليمية التعلمية وإن متابعة المعلمين تتم بوساطة مشرفين مهمتهم تتمثل بالإشراف، والمتابعة، والإرشاد، وتقديم النصح من أجل تيسير العملية التعليمية التعلمية، ودور المعلم هو مرشد، ومسهل، وناصح، ومقيم، وميسر، ومراقب للعملية التعليمية.

ثانياً: إن القيادة التربوية هي قيادة جماعية.

إن على القائد أن يكون لديه الإحاطة والإلمام التام بخصائص الجماعة وتماسكها وتوزيع الأدوار عليها، إن نقص المعلومات عن طبيعة الجماعة وكيفية التعامل معها يولد لدى القائد مشاكل وصراعات متعددة مع المرؤوسين وينعكس ذلك سلباً بالنهاية على العملية التعليمية التعلمية.

ثالثاً: القيادة التربوية هي عملية تعاونية.

إن القيادة التربوية لا تعمل بمفردها وإنما هناك تعاون مع جماعات أخرى حيث أن هناك مجالس الآباء والمعلمين ومجالس الطلبة واللجان المتعددة مثل اللجان المالية والاجتماعية، والثقافية، والرياضية، والصحية... الخ، جميع هذه اللجان والمجالس تعمل بشكل تعاوني مع القائد، وهناك هدف مشترك للجميع وهو الطالب، منتج العملية التعليمية التعلمية.

قائد المستقبل

توجد معالم يمكن الاتفاق عليها في خصائص قائد المستقبل:-

1. القائد مبادر.

وتعني أن لدى القائد دائماً إحساس بأهمية العمل وسرعة إنجازه وضرورة المباشرة فيه ويعمل على تحفيز العاملين معه.

2. القائد موقف

أي أن القائد بثبات مواقفه، بحيث لا يُغير مواقفه مهما حصل من تغييرات وظروف وهذا يكسبه ثقة عالية من قبل العاملين.

3. القائد منتمٍ

أي أن يكون انتماؤه كبيراً لمصلحة المؤسسة وأهدافها بالدرجة الأولى ولديه روح المسؤولية اتجاه العمل ويضرب المثل في العطاء والانتماء للمؤسسة التي يعمل بها.

4. القائد شامخ

أي يتطلع دائماً إلى أعلى وإلى تحقيق النجاح وإلى المستقبل.

5. القائد جامع

يعتبر القائد هو القدوة والمثل الأعلى في المؤسسة التي يعمل بها، وهو اجتماعي يعمل على تقوية الروابط والعلاقات بين الأفراد فهو يجمعهم دائماً للسير معاً نحو تحقيق الأهداف المرجوة.

6. القائد متوازن الطموح

أي تغليب المصلحة العامة والمؤسسية على مصالحه الذاتية الشخصية.

7. القائد حساس

أي يكون دائماً حاضراً لحل المشكلات التي تواجه المؤسسة، ولديه إحساس كبير بضرورة إنجاز الأعمال بالسرعة الممكنة، وأن يكون قادراً على تحقيق التوازن في معالجة الأمور المختلفة، وأن يكون صبوراً في معالجته أي عقبات تعترض العمل. (مؤتمن، رسالة المعلم: 24- 25)

ولقد تناولت بعض الطروحات صفات متنوعة وعديدة للقيادة في القرن الجديد من أهمها:-

أ. القائد الألمعي

وهو القائد المبدع الذي يمتلك رؤية ثاقبة ولا يعمل بطرق تقليدية ويسعى لتنشيط العاملين ويتصف بما يلي:-

1. حازم ومرن.
2. واثق ومستقل.
3. يعمل من خلال الجماعة.

ب. القائد المتكيف

وهو القائد الذي لديه رغبة في المشاركة ورغبة في التغيير ولا يقبل الوضع الراهن.

جـ. القائد الماهر

وهذه الصفة تستند إلى أهمية المهارات كأساس لفعالية القائد وإن أهم عنصر في نجاح القائد هو المهارات الفردية، وإن أهم مصدر في التنظيم هم الأفراد وهناك مهارات للقائد عليه أن يتزود بها للنجاح فيها:-

- يُظهر تميز الأفراد.
- يخلق جواً تشجيعياً.

- يفهم الضغوط على الأفراد.
- يدرك أفكار الأخرين.

ويرى هاني عبد الرحمن أن خصائص قادة المستقبل هي:-

- درجة متقدمة من الذكاء.
- استقرار ذهني.
- القدرة على توجيه المنظمة.
- ذكاء وحنكة سياسية.
- خبرات تدريبية ميدانية.
- القدرة على ممارسة الاستبصار.
- تأكيد مفاهيم التقارب والتضامن بين الأفراد والجماعات.
- المبادأة والتميز بالذكاء والمقدرة على التعايش مع مبادئ ومفاهيم التربية الحديثة. (عبد الرحمن)

إعداد القادة التربويين وتدريبهم

إن عملية التدريب للقادة التربويين تكون هدفها إكساب القائد معلومات، ومهارات واتجاهات، وقيم، من أجل تطوير كفاياتهم المهنية وتنمية معلوماتهم، وذلك نتيجة للتطور السريع والهائل الذي يحدث في العالم في وسائل الاتصالات والمعلومات، لذلك كان لا بد من إعداد قادة يتعايشون مع العصر الحديث الذي نعيش فيه، وقادرين على مواجهة التحديات، والتغييرات السريعة والهائلة في عصر تسوده وسائل الاتصالات والتكنولوجيا الحديثة.

إن عملية تدريب القادة أثناء الخدمة هدفه هو مواكبة التطورات الهائلة في العصر الذي نعيش فيه وهو عصر المعلوماتية والاتصالات ولقد حدد الأغبري مجموعة من القواعد والأسس لتدريب القادة أثناء الخدمة منها:-

1- البعد العلمي: تعني أن يكون برنامج التدريب مبنياً على أسس علمية ميدانية يعتمد على كشف حاجات القادة للتدريب والمشكلات التي يواجهونها.

2- البعد الوظيفي: يعني أن تكون برامج التدريب للقادة متنوعة بحيث تهتم بطبيعة الوظائف التي يؤديها القادة وتواكب التطورات والتجديدات في عالم متغير.

3- بعد الدافعية وتوفير التجهيزات: ويعني أن تراعي برامج التدريب الحوافز اللازمة لتقديمها للقادة المتدربين كتقديم حوافز مادية ومعنوية وصرف علاوات للمشاركين أو نيل درجات علمية. (الأغبري، 2000: ص150)

أنماط القيادة

لقد ظهرت تصنيفات عدة للأنماط القيادية، ومن الصعب اتباع نمط محدد فسلوك القائد تحدده طبيعة الموقف الذي يتعرض له، فطبيعة الموقف أحياناً تضطر قيادة ما إلى الابتعاد عن نمط اعتيادي لتعالج مشكلة ما باتباع نمط قيادي نقيض للنمط المعتاد.

ومن الأنماط القيادية:-

1) النمط الديمقراطي Democratic Leadership

الديمقراطية تعني "حكم الشعب" وهي مأخوذة من اللفظ اليوناني Demokratia حيث اشتق منه Demo بمعنى الشعب و Kratas تعني الحكم.

أما التعريف الإغريقي: حكم الشعب لنفسه، وهو أسلوب ممارسة الحرية وكذلك يعتبر نظام اجتماعي يؤكد على قيمة الفرد وكرامته الشخصية والإنسانية.

ويعرف عبد الرحمن أبو الهيجاء الديمقراطية بأنها:-

العمل بروح الفريق، وحرية التعبير عن الرأي والرأي الآخر بلغة الحوار واحترام المعارضة واتخاذ القرارات بالأغلبية، وتطبيق العدل والمساواة والقوانين والأنظمة والصلاحيات.

وتتميز القيادة الديمقراطية بمشاركة المرؤوسين في اتخاذ القرارات وينتج عنها رفع الروح المعنوية للأفراد وزيادة ولائهم والتزامهم للمنظمة التي يعمل بها وتعتبر أكثر أساليب القيادة فعالية. لا يصدر القائد ضمن هذا النمط الأوامر إلا بعد مناقشة الأمور مع ذوي العلاقة، وعادة تتم القيادة من خلال الترغيب وليس

التخويف، ومن خلال اعتماد المشاركة وليس احتكار سلطة إصدار القرار، وتنعدم روح العداء بين العاملين أو تكون بسيطة جداً.

وفي تطبيق هذا النمط في الميدان التربوي ولنأخذ مدير المدرسة كقائد تربوي فإن من خصائص هذا النمط في الإدارة المدرسية:-

- تتولد علاقات شخصية بين مدير المدرسة والهيئة التدريسية والإدارية.
- يتخذ مدير المدرسة قراراته بعد استشارة المعلمين والإداريين ومشاركتهم في اتخاذ القرار.
- يتم العمل وفق العمل الجماعي التعاوني بين مدير المدرسة والمعلمين والإداريين.
- يقوم مدير المدرسة بتفويض بعض سلطاته إلى بعض المعلمين والإداريين والاكفياء.

2) النمط الديكتاتوري Authoritarian leadership

يتميز القائد الديكتاتوري بمركزيه السلطة, يقوم بإنجاز الأعمال من خلال التهديد والإجبار واستعمال مبدأ الخوف والعقاب, والاهتمام بالإنتاج وعدم الاكتراث للاعتبارات الإنسانية, وعدم إفساح المجال للمرؤوسين في المشاركة بعملية اتخاذ القرارات أو التخطيط.

ولنأخذ هذا النمط من الجانب التربوي وفي الإدارة المدرسية بالتحديد:

- تتركز السلطة بيد مدير المدرسة.
- يستخدم مدير المدرسة الوسائل والحوافز السلبية من تهديد وتخويف وإيقاع العقوبات بحق المعلمين المخطئين مما يولد لديهم عدم الرضا والقلق والاضطراب.
- تنعدم الروح المعنوية للمعلمين وكذلك روح التعاون بين المعلمين والإدارة.
- لا يهتم مدير المدرسة ولا يقدر ظروف المعلمين وأحوالهم ومشاكلهم.
- ومن النتائج السلبية لهذا النمط إن سير العمل في المدرسة مرهون بوجود مدير المدرسة وعند تغيبه عن المدرسة سوف تحصل الفوضى وعدم الانضباط وعدم اهتمام العاملين بأمور المدرسة.

3) النمط المتساهل/عدم التدخل/المتسيب laissez fair leadership

وفي هذا النمط يترك القائد حرية كاملة للمرؤوسين في تحديد أهدافهم واتخاذ القرارات المتعلقة بذلك، إن تأثير القائد محدود لأنه لا يمارس القيادة السليمة الفعالة للمرؤوسين ،هناك حرية للمرؤوسين والتساهل معهم وإن رضا العاملين في ظل هذه القيادة منخفض جداً لأن التساهل وعدم الحسم يثبط من همة النشيطين أن القيادة في مثل هذا النمط تكون عادة عديمة التأثير.

ولتطبيق هذا النمط في المجال التربوي وفي الإدارة المدرسية يتصف بما يلي:

- يترك مدير المدرسة الحرية الكاملة لأعضاء هيئة التدريس والإداريين لممارسة نشاطاتهم وإصدار القرارات وإنجاز الأعمال.
- يكون مدير المدرسة غير قادر على اتخاذ القرارات وإصدار الأحكام.
- يفقد مدير المدرسة السيطرة على العاملين معه.
- عدم توفر الحماس والدافعية للعمل من قبل المعلمين والإداريين مما يؤدي إلى عدم الاكتراث بسير العملية التربوية في المدرسة. (البدري،2001)

القيادة في الأزمات التربوية

تعتبر القيادة الإدارية التربوية الفعالة هي التي تتعامل مع الأزمات بصورة جيدة ولديها القدرة على إدارة هذه الأزمات من خلال إعداد وتنفيذ استراتيجيات ترمي إلى حل المشكلات وتحسين فعالية دور المدرسة من خلال توحيد جهود العاملين كافة وتنسيقها وباستخدام الموارد البشرية والمادية بطريقة مثلى لتوفير خدمات الرعاية والدعم الشخصي والمعنوي لأبنائها الطلبة والمعلمين والمستخدمين وغيرهم من لهم أثر على تحسين وتطوير العملية التربوية.

وتكمن براعة القيادة الإدارية في إمكانية تحويل الأزمة وما تحمله من مخاطر إلى فرصة لإطلاق القدرات الإبداعية وتحويل احباطات المحنة إلى مناخ يثير الدافعية نحو الجهود الإبداعية.

وتعتبر الإدارة التربوية جزءاً من الإدارة العامة وتعد الإدارة المدرسية صورة مصغرة لتنظيمات الإدارة التربوية وجزءاً منها ومنفذة لسياساتها والتي تتعلق بمدير

المدرسة ومساعدوه والعاملين معه وبكل ما يدور في المدرسة لتحقيق الأهداف التربوية المنشودة.

مفهوم الأزمة

- الأزمة هي موقف عصيب يمكن أن يؤدي إلى نتائج سيئة (الاعرجي).
- الأزمة هي حالة طارئة أو حدث مفاجئ يؤدي إلى الإخلال بالنظام المتبع في المنظمة مما يضعف المركز التنافسي لها ويتطلب منها تحركاً سريعاً واهتماماً فورياً.
- يستخدم مصطلح الأزمة ليدل على حالات مختلفة منها حدوث مشكلات حادة أو تحولات وتغيرات صعبة، تشكل منعطفات خطيرة، وأن أزمة القيادة التربوية ليست أزمة مادية وإنما أزمة معنوية منشأها طبيعة الإدارة التعليمية. (حويبر ماطر البشير، مجلة أم القرى،1996)

إدارة الأزمات

هي العملية الإدارية التي تهتم بالتنبؤ بالأزمات عن طريق الاستشعار ورصد المتغيرات البيئية الداخلية أو الخارجية المولدة للأزمات وتعبئة الموارد والإمكانات المتاحة لمنع أو الإعداد للتعامل مع الأزمات بأكبر قدر ممكن من الكفاءة والفاعلية وبما يحقق أقل قدر ممكن من الأضرار للمنظمة وللبيئية وللعاملين مع ضمان العودة إلى الأوضاع الطبيعية في أسرع وقت وبأقل تكلفة ممكنة مع دراسة أسباب الأزمة لاستخلاص النتائج لمنع حدوثها.

إن القيادة الفعالة هي القيادة التي لديها القدرة والكفاءة بإدارة الأزمات والولوج بالمؤسسة التربوية إلى بر الأمان من خلال التصور المسبق والتخطيط الجيد والرؤيا الثاقبة والعقلانية في التخطيط للازمات والتنظيم والتنسيق وإجراء الاتصالات وجمع المعلومات واتخاذ القرارات الذي يعد لب العملية الإدارية القيادية.

المنظور الإداري للأزمة

إن التغلب على الأزمات لا يكون إلا باتباع الأساليب الإدارية الجيدة وهي:- التخطيط، والتنظيم، والتوجيه، والتنسيق، والمتابعة، واستقصاء المعلومات

والاتصالات، واتخاذ القرارات، وفشل معالجة الأزمة يعود إلى فشل الأخذ بعناصر العملية الإدارية كما يجب.

أولاً: التخطيط.

إن أفضل ما يساعد الإداري ليكون فعالاً في تخطيط الأزمة أن يتذكر قول روديار كيبلينغ الشاعر الإنجليزي (Rodyard Kipling) عندي دوماً ستة خدم علموني ما أسطر بالقلم ماذا؟ ومن؟ ومتى؟ وأين؟ وكيف؟ ولماذا؟.

إن طرح القائد الإداري لهذه الأسئلة على نفسه ومحاولته الإجابة عن كل منها بروية ودقة ووضوح سيساعده على إعداد الخطط اللازمة لمواجهة الأزمات ومعالجتها.

من المهم وجود تصورات مسبقة للأزمة وآثارها المحتملة والاستراتيجيات البديلة للتعامل معها، فواجب الإداري إعداد خطة للطوارئ للحد من الآثار التي قد تنجم.

أنواع التخطيط في مواجهة الأزمات هي:-

1- خطة الإعداد لمواجهة الأزمات: تعد قبل وقوع الأزمة بالإضافة إلى تقسيم الأزمات المحتملة والتدابير الممكنة.

2- خطة العمليات: تنفذ عند وقوع الأزمة وتشمل دراسة الموقف، تنفيذ تدابير الوقاية والإنقاذ والإسعاف ونوع وحجم المساعدات الخارجية المطلوبة.

3- خطة إزالة الأزمة: تنفذ عقب الأزمة وتشمل الإجراءات لمنع والسيطرة على العناصر التي تهدد حياة البشر.

4- الخطط البديلة: وهي خطط قومية ومحلية تحقق السيطرة على الحالة وتنسيق المعونة وتقديم الدعم المطلوب للمجتمع أو البيئة التي أصابتها الأزمة.

ثانياً: التنظيم

فعالية التنظيم تهدف إلى تجنب ضياع الوقت والجهد بالتنظيم والتصميم المسبق للعمل لتحقيق الأهداف المنشودة وذلك من خلال تحديد المهام والواجبات أثناء الأزمة.

ثالثاً: التنسيق

يعتبر التنسيق عملية تتم من خلالها تأمين الانسجام بين جهود العاملين وتوفير التوافق في الأداء ووحدة العمل لتحقيق الأهداف المنشودة.

إن التنسيق مهم لتوجيه العاملين وتوحيد لجهودهم لإنجاز المهمات في الوقت والطريقة المناسبة ويمنع التنسيق التعارض الذي يحدث خلال الأزمة، فكلما كانت درجة التنسيق عالية، كان النجاح في أداء المهمة، وتحقيق الآثار الجانبية.

رابعاً: المعلومات والاتصالات

- المعلومات:

إن الأزمة بحاجة إلى نظم معلومات فعّال قادر على توفير المعلومات والبيانات الضرورية عند الطلب وفي الوقت المناسب، ويجب أن تكون المعلومات على جانب من الدقة والوضوح لتساعد على اتخاذ قرارات صائبة.

- الاتصالات:

وتعني نقل معلومات محددة ومفهومة من شخص إلى آخر حتى يتمكن من تنفيذ مضمون الرسالة والمعلومات، حتى يتمكن الأخير من تنفيذ مضمون الرسالة بالطريقة المطلوبة، وهذه المعلومات تعني البيانات والأفكار، والآراء، والاستفسارات، والتعليمات، والاتجاهات وتوصيلها وتنفيذها للإبقاء على حالة المؤسسة.

المهم في الاتصالات التعامل مع الشائعات والتي تكثر في الأزمات وهنا يأتي مهمة الجانب الإعلامي والتي على الإداري أن يأخذها بعين الاعتبار لما لها من دور كبير في الأزمة. وهذا يستدعي إعداد خطة إعلامية توعوية بالإجراءات وعرض الحقائق بأسلوب إعلامي يبعث على الطمأنينة وتخفيف الرعب.

خامساً: اتخاذ القرارات

وكما يقول هيربرت سيمون بأن الإدارة هي اتخاذ القرارات. وأن اتخاذ القرارات هو لب العملية الإدارية، فهي عملية تتسم بالذكاء والقدرة على استخلاص القرارات الرشيدة، وهنا تبرز صعوبة اتخاذ القررارت خلال الأزمة، فيجب توفر معلومات

صحيحة لاتخاذ القرارات الرشيدة ويعتبر الوقت والتداخلات والضغوط الداخلية والخارجية وعدم وضوح الرؤية وخطورة التبعات أمور كلها تجعل من اتخاذ القرار أمراً عسيراً في أوقات الأزمة.

ما الأزمات المحتمل حدوثها في المدارس؟

- التسمم الغذائي بين الطلبة، مشاجرة بالأدوات الحادة بين الطلبة.
- إصابة أحد الطلبة بنوبة صرع، حادث تدهور باص في رحلة مدرسية.
- انهيار سور إحدى المدارس على عدد من الطلبة ، حريق في إحدى المدارس.
- الاعتداء على أحد المعلمين من قبل الطلبة.

المراحل التي تمر بها الأزمة:

- المرحلة الأولى / اكتشاف إشارات الإنذار:وهي قيام القيادة الإدارية برصد وتحديد الأغراض التي تنبئ باحتمال حدوث أزمة
- المرحلة الثانية / الوقاية والاستعداد: من خلال التخطيط الفعّال.
- المرحلة الثالثة / احتواء الأضرار أو الحد منها.
- المرحلة الرابعة / استعادة النشاط.
- المرحلة الخامسة / التعلم. عدم تكرار الأزمات في المستقبل.

مراحل إدارة الأزمة في المدارس:

يرى صلاح عقل أن مراحل الأزمة في المدارس كما يلي:-

أولاً / مرحلة الإدراك:

وضع تصور أولي لكيفية التعامل مع الأزمة. مثال / حريق في صف- دق جرس الإنذار- إخلاء - تبليغ - وجود أفاعي في غرفة الصف- إخلاء الغرفة - الاتصال بالدفاع المدني ومدير التربية.

ثانياً / مرحلة التحضير المسبق وتتم بعدة خطوات:

أ- تكوين فريق للتعامل مع الأزمات.

ب- تدريب الفريق على التعامل مع الأزمات.

ج- الحصول على الاستشارة الخارجية من قبل فريق مساند كالأطباء، المتخصصين والتربوين.

ثالثاً / مرحلة وضع خطة التدخل:

في هذه المرحلة يتم ترتيب أولويات المواجهة والقيام بالأساليب الملائمة لمواجهة الأزمة.

رابعاً / مرحلة رد الفعل اللاحقة:

حيث يتم دراسة الأزمة وتحديد الأضرار الناتجة (السلبية) والاستفادة من التغذية الراجعة.

نظريات القيادة وتطبيقاتها التربوية

نحن ندرك بأن القيادة لا بد لها من توفر عناصر أساسية وهي القائد والمرؤوسون والموقف، وأن محصلة التفاعل بين هذه الأجزاء الثلاثة تبرز لدينا القيادة. والقائد يقوم بتدريب المرؤوسين وتنمية قدراتهم وحثهم على تحمل المسؤولية والمشاركة في القرارات والقيادة الذاتية من أجل خلق قيادات جديدة واعدة وفعالة ولديها خبرة في حل المشكلات والثقة بالنفس والقدرة على اتخاذ القرارات، ولكن على القائد أن يأخذ بالحسبان خصائص وقدرات هؤلاء المرؤوسين وخصائص الموقف والمناخ التنظيمي من اجل تحقيق الأهداف المرجوة والنتائج الجيدة.

ولقد تعددت نظريات القيادة، فهناك نظريات تقليدية تنظر في الملامح الشخصية في القائد مثل الطول والحجم ونبرة الصوت وشكل الحاجبين ليكون قائداً فعالاً ولديه تأثير على المرؤوسين وهناك نظريات تنظر إلى الخصائص السيكولوجية والصفات النفسية في القائد كالذكاء والثقة بالنفس والقدرة على التحليل والاستقلالية، وسلوكه اتجاه المرؤوسين، ومن النظريات التي تنظر إلى طبيعة الموقف في إيجاد قيادات واعدة ومتميزة ويستندون أصحاب هذه النظرية إلى مقولة "أن الشدائد محك الرجال". وهناك من النظريات التي ترى أن القائد هو حصيلة جميع ما ذكر في النظريات السابقة من خصائص شخصية (المظهر الشخصي) وسلوك القائد مع المرؤوسين وطبيعة الموقف وتركز على أن يتغلب

الجانب الإنساني على عملية التفاعل بين القائد والموقف وتلبي حاجات المرؤوسين، هذه النظرية لم تهمل المظهر الشخصي للقائد ولا السمات الشخصية والفسيولوجية وكذلك لم تهمل طبيعة الموقف والأمور التنظيمية الأخرى وإنما وازنت بين جميع هذه الخصائص والظروف والمواقف والسمات في القائد الفعال.

وسوف نقوم باستعراض للنظريات التي تناولت القيادة حسب المراحل الزمنية:

نظرية الرجل العظيم The Great man Theory:

تنظر هذه النظرية إلى القائد على أنه ذلك الشخص الذي يمتلك مؤهلات فذة وغير مرئية وهذه الصفات موروثة وغير مكتسبة وأن هذه الصفات والمؤهلات والقدرات غير موجودة في الآخرين.

إن هذه النظرية تنظر إلى شخصية القائد باعتباره مفخرة وحالة متفردة. (البدري،56:2001)

تأتي مصادفة دون تحديد السمات معينة وقد يتميز بالذكاء المفرط أحيانا في معالجته للأمور وحل المشكلات أو القدرة على التأثير في التابعين واستثمار طاقاتهم إلى حد التضحية، ويكون ارتباط الجماعة بالقائد ارتباط الجسد بالروح . (عريفج،112:2001)

كما تفترض النظرية بأن بعض الأفراد يصبحون قادة لأنهم ولدوا وهم يحملون صفات القيادة. ولقد وجدت هذه النظرية في القرن الماضي وفي أوائل هذا القرن، ولقد حاول بعض الفلاسفة والمفكرين أن يدعموا نظريتهم ببعض الحقائق التي كشفت عنها دراساتهم في علم الوراثة. (مليكا، بدون تاريخ)

والنتيجة التي أراها دعاة هذه النظرية هي أن هناك من سمات القيادة ما يورث كما تورث السمات البيولوجية ولقد ظهرت هذه النظرية في البداية بثوب براق ولكن واجهت الكثير من الانتقادات والسلبيات.

ومنها أن هذه النظرية قد فشلت في تحديد ملامح أو صفات واضحة لتحديد شخصية الرجل العظيم، كما أنها قد تجاهلت تأثير عوامل الموقف والبيئة وتأثيرها على العوامل البيولوجية، كما أن النظرية كانت تركز على السمات العبقرية للقائد أكثر من تركيزها على السمات القيادية. (إسماعيل، 1971)

ومن المآخذ أيضاً على هذه النظرية أنها أهملت دور البيئة والمؤسسة في صنع القائد كما أهملت دور الخبرة والمعرفة التي يكتسبها الفرد في العمل والتي قد تؤهله لتسلم موقع قيادي. (الزعبي، عبيدات 149:1997)

وتنظر هذه النظرية للقادة العظام مثل هتلر بالنسبة للإيمان، وماو بالنسبة للصين وسقراط. ولو تفحصنا هذه النظرية لوجدناها عديمة الجدوى لأنها تفضي إلى السلبية عند المرؤوسين ولا تعمل على تشجيع تنمية قيادات جديدة وواعدة. وتعتمد هذه النظرية على القائد بالدرجة الأولى فهو الذي يحقق للجماعة أهدافها في جميع الظروف ولكن قد يعجز هذا القائد في تحقيق أهداف الجماعة في ظروف أخرى.

نظرية السمات Traits Theory:

تفترض هذه النظرية بأن فاعلية القيادة تتحدد بتوافر خصائص وصفات وسمات معينة منها: صفات اجتماعية، وسيكولوجية، وفسيولوجية وخلفية اجتماعية وخصائص مرتبطة بالمهمة.

وتبرز في هذه النظرية خصائص القائد مثل الذكاء والنضج الاجتماعي والدافعية والاتجاهات الايجابية نحو العلاقات الإنسانية، والقائد الناجح ضمن هذا المفهوم هو الذي تتوفر فيه صفات متميزة عن الآخرين، وتكسبهم ثقتهم واحترامهم له ورغبتهم للعمل معه بأمانه وإخلاص ودافعية، والقبول بآرائه وأفكاره. (نشوان، نشوان، 36:2004)

وتقول هذه النظرية أن القائد يشبه الناس الآخرين من حيث السمات، إلا أن نسبة توافرها في شخصية أكثر منهم لذا يصبح متميزا بينهم، لذلك وجدت قوائم عديدة لسمات القائد يتصف بالدافع القوي لتحمل المسؤولية وإنجاز المهام والنشاط والمثابرة في متابعة الأهداف، والقدرة على المخاطرة والاقتحام والإقدام في علاج المشكلات ومن الصفات كذلك الذكاء، المبادأة، القدرة الإشرافية، الثقة بالنفس، المستوى الاجتماعي والاقتصادي، ويرى آخرون بأن هناك سمات قيادية للقائد مثل العوامل البيولوجية (الطول- الوزن- الشكل-القوة)، الذكاء، الثقة بالنفس، المبادرة، الشجاعة، وعدم التردد . (البدري، 2001/56- 57)

ومن خلال التطرف لنظرية السمات نرى بأن بعض الباحثين قد أشار للسمات والخصائص الجسدية مثل الطول والوزن والقامة ومنهم من تركز على السمات والخصائص العقلية كالذكاء والرغبة بالعمل والدافعية، وحب الآخرين، النشاط، والنضج العاطفي.

ولكن هناك انتقادات لهذه النظرية قد أشار لها حريم في كتابه السلوك التنظيمي ومن أهمها:

- وجود عدد كبير من السمات التي يصعب حصرها.
- عدم سهولة قياس الصفات وعدم إمكانية تحديد الدرجة المطلوبة من كل سمة.
- اختلاف الأهمية النسبية لكل سمة من وقت لآخر.
- إن السمات لم تتنبأ بدقة من الأفراد الذين أصبحوا قادة في المنظمات، فكثير من الناس يملكون هذه السمات ومع ذلك بقوا تابعين.
- عدم شمولية النظرية لأنها لم تأخذ في الحسبان المتغيرات الأخرى ذات التأثير على فاعلية القيادة. (حريم، 268:1997)

ويمكن لنا أن نبين بأن نظرية السمات قد أهملت دور المرؤوسين في إنجاح عملية القيادة، حيث أثبتت بعض الدراسات على أهمية المرؤوسين في إنجاح عمل القائد، كما أنه من الصعب توفر صفات كاملة في بعض القادة ونخلص من ذلك إلى القول أن نظرية السمات لا تفسر تفسيرا كاملا بسبب القيادة.

أن هذه النظرية لم تذكر جميع السمات، حيث إن هناك قادة لم يتمتعوا بالسمات كافة مثل القائد جمال عبد الناصر، كان يتصف بالضخامة، ونبرة الصوت ولا تتوفر هذه السمات عند نابليون حيث كانت تتوفر فيه الشجاعة والذكاء والقدرة على التحليل.

وهناك دراسة لـ ستوجدل Stogedill وتمت في جامعة مينوستا عام 1960 وأشارت إلى هناك بعض الخصال تعزى إلى الإداريين الناجحين منها: درجة ذكاء أعلى، تحصيل علمي أفضل، إحساس عالٍ لممارسة السلطة، تفكير متعمق، استمتاع بالعلاقات مع الآخرين.

ونلخص من ذلك القول أن نظرية السمات لم تفسر تفسيرا كاملا سبب القيادة ومن السمات التي أشارت إليها الدراسات:

- المظهر الشخصي - الصفات البيولوجية مثل الطول والوزن، الشكل...الخ.
- الثقة بالنفس- حاجات نفسية، السيطرة، امتلاك السلطة، الذكاء.

النظرية الموقفية:

تنظر هذه النظرية إلى أن طبيعة الموقف هي التي تحدد القائد الفعال وأن الشدائد محك الرجال فالقادة لا يولدون قادة ولكن المواقف تحفزهم للعمل وأن القادة يظهرون في المواقف التي يجدون أنفسهم قادرين على مجابهة المواقف العصبية.

والمعلم قائد تربوي، يقوم بإدارة الصف بكفاءة وفعالية وأنه سوف يتعرض لمواقف متعددة، وعندما يكون قادرا على مجابهة أي طارئ داخل الصف فإن ذلك يمنحه صفة قيادية فعالة لذلك عليه أن يمتلك قدرات معرفية وامتلاك كفايات عامة وخاصة لمهنة التعليم.

إن الكثير من الدراسات التي أجريت حول شخصيات العظماء والقادة وتواريخ حياتهم وسيرهم قد ركزت للكشف عن سمات شخصية القائد ولم تعط أي اهتمام لطبيعة الموقف وكذلك اتجاهات المجتمع وعلاقاتها بوجود القيادة وكذلك الظروف البيئية المحيطة ولذلك ظهرت النظرية الموقفية لتبين أن هناك قادة لم يصلوا إلى مراكز قيادية إلا بوجود أو تعرضهم لمواقف معينة.

ولقد انتهت بعض الدراسات من أن القيادة لا يمكن أن تكون وقفا على الظروف الاجتماعية وغيرها التي تنشأ منها المواقف المختلفة، ذلك لان الفروق بين الأفراد تابعة دورا مهما في تكييف المواقف المختلفة نفسها، إذ أن الأفراد سواء أكانوا قادة أم تابعين، هم جزأ لا يتجزأ من الموقف نفسه، وبالتالي فإن اختلاف طبائعهم وأرائهم واتجاهاتهم يؤثر حتما على مدى إدراكهم للظواهر الاجتماعية المختلفة وتقديرهم لها، ومن بينها ظاهرة القيادة. (الشيشكلي1968)

وتركز النظرية الموقفية إلى طبيعة الموقف المحيطة في إظهار القيادة ولكن نجاح القيادة في موقف معين ليس بالظروف نجاحه في موقف آخر وتعني أن سمات القائد وطبيعة الموقف هي سمات نسبية وليست مطلقة.

النظرية الموقفية لفيدلر (فريدريك فيدلر Frederick Fiedler)

ومن أهم النظريات التي كان لها الاهتمام بالنظرية الموقفية، نظرية فردريك فيدلر، ويرى فيدلر أن الموقف الملائم يتم تحديده بتشخيص محدد ودقيق للموقف الإداري والذي يرى أن هناك ثلاثة عناصر للموقف وهي كما يلي:

1- العلاقة بين القائد وموظفيه: من حيث تقبل الموظفين للقائد ومدى ولائهم له.

2- الهيكل التنظيمي للمنظمة: الذي يوضح ويحدد المهام المطلوب إنجازها والتي تؤدي إلى تحقيق الأهداف فكلما كان الهيكل التنظيمي متكاملا كان عمل القائد سهلا وناجحا.

3- قوة المركز الإداري: حيث يمكن للمركز القيادي أن يمنح الثواب والعقاب حسب الضرورة.

ومن الإسهامات أيضاً في النظرية الموقفية، إسهامات وليم ريدن W.Reddin حيث بين أن أهم عنصرين للسلوك الإداري هما: الاهتمام بالعمل، والاهتمام بالعلاقات مع الموظفين وقد حدد أربعة أنماط للقادة:

أ- قائد يهتم كثيرا بالعمل.

ب- قائد يهتم كثيرا بالعلاقات مع الأفراد.

ج- قائد يهتم كثيرا بالعمل وبالعلاقات مع الأفراد.

د- قائد لا يهتم كثيرا بالعمل وبالعلاقات مع الأفراد.

ولقد حدد ريدن عناصر الموقف الإداري والتي على القائد أن يدركها وهي ثلاثة عناصر:

1- الطرق والأساليب التي يمكن أن يتم بها العمل.

2- أسلوب وفلسفة المنظمة والقيم السائدة فيها.

3- العنصر البشري في المنظمة. (الجيوسي، جاد الله، 2001: 145- 146)

ونلاحظ هنا من خلال التطرف للنظرية الموقفية، تبرز أهمية للتدريب القيادي أن من أهم خصائص الموقف القيادي انه لا يعترف بأن هناك طائفة من الناس خلقوا لكي يكونوا قادة، ونذكر هنا أن التدريب يعتبر من الوسائل التي تساعد في

إظهار القيادة، حيث يتم بوضع القائد بمواقف متنوعة تساعده وتدربه على تطوير شخصية وصقلها ضمن ظروف وتنظيم محددين.

ومن الانتقادات للنظرية الموقفية كونها تنسب مولد القائد إلى الظروف البيئية وحدها وتغفل الاستعدادات الفطرية اللازمة لنجاح القائد. (البدري، مرجع سابق)

- وهناك انتقاد آخر بأنه ليس هناك اتفاق حول عناصر الموقف التي يمكن على ضوئها تحديد ما إذا كان الموقف ملائما أو غير ملائم.

- ليس هناك اتفاق حول أنماط السلوك القيادي.

وهنا لا بد أن نذكر إلى أن التنظيم بصفة عامة يعتبر من أهم الوسائل التي تساعد على خلق المواقف المناسبة للقيادة الإدارية.

وأيضاً نشير إلى أن من نتائج النظرية الموقفية لفيدلر ما يلي:

1- إن القائد الذي يهتم بالعلاقات يميل إلى الإنجاز الأفضل في المواقف المختلفة، يعني أن القائد ديمقراطي.

2- لا يستطيع أن نتحدث عن القائد الجيد أو الضعيف، فالقائد الفعال في موقف واحد يمكن أن لا يكون كذلك قي موقف آخر، أي أن طبيعة الموقف هي التي تحدد فعالية القائد.

3- أن المواقف المختلفة تتطلب قائداً يهتم بالعلاقات.

4- المواقف هي التي تبرز القائد.

نظرية المسار إلى الهدف Path- Goal Theory of leadership

(Mitchell and Hanse)

لقد أشار الباحثان إلى: كيف يكون القائد مؤشرا وفعالا في التابعين وكيف يمكن إدراك الوسائل والطرق التي تؤدي إلى تحقيق الأهداف.

كما وتؤكد هذه النظرية على أن سلوك القائد يجب أن يكون حافزا للتابعين نحو العمل وتحقيق الأهداف.

ولقد تطرق العالمان إلى أربعة أنواع من القيادة:

ا- القيادة الموجهة Directive Leadership:

في هذا النوع من القيادة يقوم القائد بتوجيه التابعين إما خطيا أو شفويا حيث يوجد علاقة إيجابية بين رضى الأفراد (التابعين) وبين توجيه القائد خاصة في المهام، والأعمال الغامضة، وعلاقة سلبية في المهام والأعمال الواضحة.

ب- القيادة المشاركة Participative Leadership:

يقوم القائد باستشارة المرؤوسين ويأخذ باقتراحاتهم وآرائهم قبل اتخاذ أي قرار، حيث يقوم التابعين بمشاركة القائد في وضع الأهداف وإلى إنجاز الأعمال بطريقة أفضل.

ج- القيادة الداعمة Supportive Leadership:

القائد سلوكه اتجاه المرؤوسين إيجابي، حيث يكون ودودا حليما ويهتم بالعلاقات الاجتماعية مع التابعين ويراعي ظروفهم، وقد اقترضت نظرية المسار إلى الهدف أن القيادة لها تأثير إيجابي على رضى المرؤوسين.

د- قيادة الانجاز(التحصيل) Achievement Oriented Leadership :

القيادة تكون مهمة بالإنجاز أي بالأعمال، ويضع القائد جميع اهتماماته بإنجاز الأعمال بشكل عالي جدا ويتوقع من التابعين القيام بذلك كما يضع ثقته فيهم.

إن نظرية المسار إلى الهدف تركز على أنه عندما تكون الأهداف والطرق المؤدية لتلك الأهداف واضحة فان ذلك يؤدي إلى تحقيق الأهداف وإنجاز الأعمال بشكل أفضل وكذلك تؤدي إلى زيادة في كمية الإنجاز ولكنها قد تؤدي إلى عدم رضى التابعين.

نظرية دورة الحياةLife Cycle Theory Of Leadership

(Heresy and Blanchard)

المتغير الموقفي في هذه النظرية هو نضج المرؤوسين Readiness Maturity لإنجاز العمل.

أما النضج فقد تم تحديده وعلاقته بالوظيفة بما يلي:

1- رغبة الموظف بإنجاز الأعمال.

2- قدرة الموظف على إنجاز الأعمال.

3- استعداد الموظف للقيام بالعمل.

4- خبرة الموظف في العمل.

5- مؤهلات الموظف الأكاديمية.

إن هذه النظرية تعتمد بشكل كبير على العلاقة بين القائد والمرؤوسين كما تعتمد هذه النظرية على تفاعل:

أ- التوجيه من قبل القائد.

ب- الدعم العاطفي الذي يقدمه القائد.

جـ - مستوى النضج (الاستعداد).

وأن نظرية دورة الحياة تقترح بأن سلوك القائد يجب أن يتحرك من:

1- اهتمام عالٍ بالمهمة واهتمام منخفض بالعلاقات.

2- اهتمام عالٍ بالمهمة واهتمام عالٍ بالعلاقات.

3- اهتمام منخفض بالمهمة واهتمام عالٍ بالعلاقات.

4- اهتمام منخفض بالمهمة واهتمام منخفض بالعلاقات.

وتقول نظرية دورة الحياة إن مدى أو معدل السيطرة يمكن أن لا يعتمد على التنظيم الهرمي فقط وإنما الأهم هو النضج للأفراد (التابعين) الذين يخضعون للتوجيه.

وكما تفترض هذه النظرية بأن العلاقة بين القائد الإداري والمرؤوسين تمر عبر مراحل أربع أساسية تسمى بمراحل النضج الوظيفي وهو كالآتي:

1- مرحلة النضج الأولى:

في هذه المرحلة يكون المرؤوس موظفا جديدا لا يمتلك أي معرفة أو مهارة في إنجاز الأعمال وليس لديه خبرة عملية في إنجاز العمل بالدقة والسرعة المطلوبة

كذلك لا يمتلك أي معرفة بالأشخاص العاملين معه في المؤسسة ولا يعرف الأهداف التنظيمية لذلك يكون غير قادر على القيام بالأعمال المطلوبة منه ودرجة تحمله للمسؤولية محدودة.

2- مرحلة النضج الثانية:

بعد مرور المرؤوس بمرحلة النضج الأولى ينتقل إلى المرحلة الثانية حيث تتكون لديه خبرة محدودة في مجال إنجاز الأعمال المطلوبة منه وكذلك في العلاقات مع زملائه ولديه الاستعداد لتحمل المسؤولية.

3- مرحلة النضج الثالثة:

بعد مرور المرحلتين السابقتين الأولى والثانية يصبح للمرؤوس لديه خبرة كافية للقيام بالأعمال وإنجازها بشكل جيد وكذلك لديه القدرة على تكوين علاقات إنسانية مع العاملين ولكنه قد يفتقر إلى بعض الشيء من الثقة بالذات وعدم الأمان نتيجة لزيادة المسؤولية الملقاة عليه.

4- مرحلة النضج الرابعة:

وتعتبر هذه المرحلة الأخيرة حيث يتكون لدى الفرد القدرات والمهارات الكافية والاستعداد للقيام بالعمل بأفضل مستوى، وتكون لديه ثقة عالية لذلك يكون قادرا على تحمل المسؤولية بشكل عالٍ جدا.

إن القائد يتبنى نمطا قياديا يتناسب درجة النضج الوظيفي لكل مرحلة من مراحل النضج الأساسية الأربعة وكذلك درجة اهتماماته بالعمل واهتمامه بالعاملين، وأن القائد الإداري الناجح هو الذي يختار نمطا مناسبا مع التابعين وطبيعة الموقف الإداري الذي يمر به، والنمط السائد المناسب لسلوك القائد هو ذلك النمط الذي يحقق الأهداف المرجوة.

وأن عملية المزج بين الاهتمام بالعاملين والاهتمام بالعمل نحو تحقيق الأهداف يؤدي ذلك إلى قيادة فعالة وناجحة ومن خلال هذه النظرية فإن القائد الذي لديه القدرة على توفيق اهتماماته بالعمل والعاملين وفق متطلبات الموقف آخذا بعين الاعتبار النضج الوظيفي للعاملين. (البدري؛ 2002، 171- 176)

وتعتمد النظرية أربعة أساليب قيادية هي:

1- الإعلام Telling

2- الإقناع Selling

3- المشارك Participative

4- التفويض Delegative

نظرية الأبعاد الثلاثة للقيادة Reddin's 3rd Theory of Leadership

تشمل هذه النظرية التي طورها Reddin إضافة إلى بعدين، الاهتمام بالإنتاج والعمل والاهتمام بالأفراد هو بعد الفاعلية (Effectiveness Dimension)

وقد حلل Reddin الأسلوب القيادي إلى ثلاثة أبعاد هي:

1- بعد المهمة- التوجه نحو المهمة.

2- بعد العلاقات- التوجه نحو العلاقات.

3- بعد الفعالية.

ولقد حدد وليم ريدن W- Reddin إن أهم عنصرين للسلوك الإداري هما:

الاهتمام بالعمل والاهتمام بالعلاقات مع المرؤوسين، قد ميز بين أربعة أنماط أساسية للقادة:

1- القائد الذي يهتم كثيرا بالعمل وعدم الاهتمام بالعلاقات(متفان).

2- القائد الذي يهتم كثيرا بالعلاقات مع الأفراد وعدم الاهتمام بالعمل (متصل).

3- القائد الذي يهتم كثيرا بالعمل وبالعلاقات مع الأفراد (متكامل).

4- القائد الذي لا يهتم كثيرا بالعمل وبالعلاقات مع الأفراد (منفصل).

وأن هذه النماذج الأربعة قد تكون فعالة في موقف وغير فعالة في موقف آخر، وتكون إحدى هذه النماذج فعالة في حالة تناسبها مع الموقف الذي تتطلبه. (الجيوسي وجاد الله، 146/2001)

النظريات السلوكية Behavioral Theories:

لقد ظهرت النظريات السلوكية نتيجة إخفاق لنظريات التقليدية (السمات، والرجل العظيم) في تفسير مقبول لصفات القائد وكذلك نتيجة لظهور حركة العلاقات الإنسانية في الإدارة ونتيجة لدراسات هوثورن، حيث تركز الاهتمام هنا على سلوك القائد وليس على سماته الشخصية، وسوف تقوم هنا باستعراض أهم الدارسات التي تناولت الجانب السلوكي في القيادة:

دراسات أوهايو:

قام مجموعة من الباحثين وعلماء النفس والاقتصاد في جامعة أوهايو بدراسة استجابات المرؤوسين على ما يقوم به القائد من سلوك إثناء قيامه بالوظائف والتصرفات والأفعال داخل المؤسسة، ولقد قامت مجموعة الباحثين بتخليل بعدي القيادة إلى مجموعتين:

1- الاهتمام بالعمل، حيث يقوم القائد بإدارة العمل بيد جديد، ويصر على ضرورة اتباع الأفراد لقواعد وطرق محددة ونمطية في العمل ويتدخل في تحديد متطلبات العمل ومن يؤديه وكيف يؤدي

2- الاهتمام بالعاملين وحاجاتهم، حيث أظهرت الدارسة أن القائد يظهر امتنانه لمن يؤدي عمله بصورة جيدة، ويركز على أهمية الروح المعنوية العالية بين الأفراد وأنه محب للناس ومحبوب منهم. (حريم، 1997، 271- 272)

ومن الاستنتاجات التي توصلت إليها الدراسة:

- النمط المهتم بالعمل والأهداف، كانت نسبة رضى المرؤوسين عن العمل غير ثابتة وغير متوافقة.
- النمط المهتم بحاجات الأفراد، كانت نسبة رضى المرؤوسين عالية، بشكل خاص فيما يتعلق بمدى حرية الفرد في العمل.

ولقد انعكس المدخل السلوكي في القيادة في بداياته من خلال دراسة جامعة اوهايو وتمثل هدف الدراسة في تحديد العلاقة بين سلوك القائد الفعال ودرجة رضا المرؤوسين ومستويات أدائهم.

ولقد بينت الدراسة إلى أنماط سلوك القائد وان هناك اهتمام بالعمل وهناك اهتمام بالمرؤوسين ويمكن أن يظهر القائد بمستويات مختلفة من الاهتمام بالعمل وفي الوقت نفسه بمستويات مختلفة من الاهتمام بالعاملين.

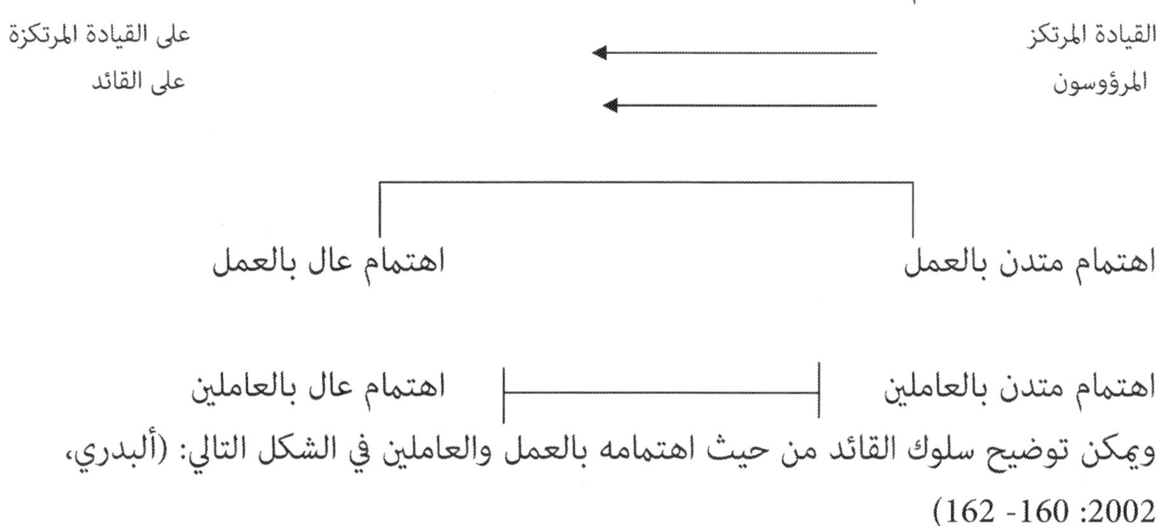

ويمكن توضيح سلوك القائد من حيث اهتمامه بالعمل والعاملين في الشكل التالي: (ألبدري، 2002: 160- 162)

	متدن	مرتفع	
مرتفع	اهتمام القائد الإداري متدني بالعمل، ومرتفع بالعاملين	اهتمام القائد الإداري مرتفع بالعمل ومرتفع بالعاملين	مرتفع
متدن	اهتمام القائد الإداري متدني بالعمل، ومتدن بالعاملين	اهتمام القائد الإداري مرتفع بالعمل ومتدن بالعاملين	متدن
مرتفع			مرتفع

لبكرت ونظم القيادة الإدارية (Likert Theory):

لقد اجري لبكرت مجموعة من التجارب والدراسات المكثفة في العديد من المنظمات ولقد توصل في هذه الدراسات إلى نتائج وضعها في كتابه الشهير New patterns of Management:

- ولقد تطرق لبكرت في كتابه إلى أن هناك أربعة أنظمة للقيادة وهي كالتالي:

1- التسلطي المستبد Exploitive/Autocratic: يركز على السلطة والتخويف اتجاه المرؤوسين.

2- الأوتوقراطي الخيرBenevolent Autocratic: هناك درجة بسيطة من المشاركة واقل تركيزا للسلطة.

3- المشارك Participative: يتميز بان هناك مشاركة وثقة بين الرئيس والمرؤوسين.

4- الديمقراطي Democratic: تكون هناك ثقة مطلقة بين الرئيس والمرؤوسين وهو النمط القيادي المفضل عند ليكرث. (Jon&.Schermerhon, 1991)

ولقد استنتج ليكرث بأن القيادة الديمقراطية تعتبر أكثر فعالية من القيادة الأوتوقراطية.

انعكاسات النظرية على العملية التربوية

قد يتخذ مدير المدرسة نوعين من السلوك اتجاه المعلمين:

- اهتمام المدير بالتحصيل الدراسي للطلبة والعمل الجاد الذي يقوم به المعلمون.

- اهتمام المدير بالمعلمين من حيث مشاركتهم في اتخاذ القرارات ولقد أفرزت النظرية أربعة أنماط وهي:

1 - النمط الأول/ يتصف مدير المدرسة بالمركزية، وعدم ثقته بالمعلمين، ويقوم بتحفيزهم عم طريق الخوف والسلطة والإجبار.

2 - النمط الثاني/ يتصف المدير بمركزية أقل وقد يسمح في بعض الأحيان للمعلمين بالمشاركة في اتخاذ القرارات.

3 - النمط الثالث/ يتصف مدير المدرسة بثقة عالية بالمعلمين.

4 - النمط الرابع/ تكون هناك ثقة مطلقة بين مدير المدرسة والمعلمين وتبادل المعلومات والمشاركة في اتخاذ القرارات واهتمام كبير بالمعلمين وتلمس احتياجاتهم ورغباتهم.

نظرية الشبكة الإدارية Managerial Grid :

J.Mauton&R.Blake (بليك وماوتون)

تعتبر نظرية الشبكة الإدارية من أكثر نظريات القيادة المعروفة، حيث استطاع Robert Blake &Mouton تحديد أسلوبين لسلوك القائد وهي:

1- الاهتمام بالأفرادConcern for people .

2- الاهتمام بالإنتاج Concern for production. (فؤاد الشيخ سالم،.....)

ولقد تم تحديد خمسة أنماط قيادية يكون نمط القيادة لأحد المديرين عاليا في أحد البعدين ومنخفضا في الآخر والعكس أو منخفضا في الاثنين أو عاليا فيهما كما يبين الشكل التالي:

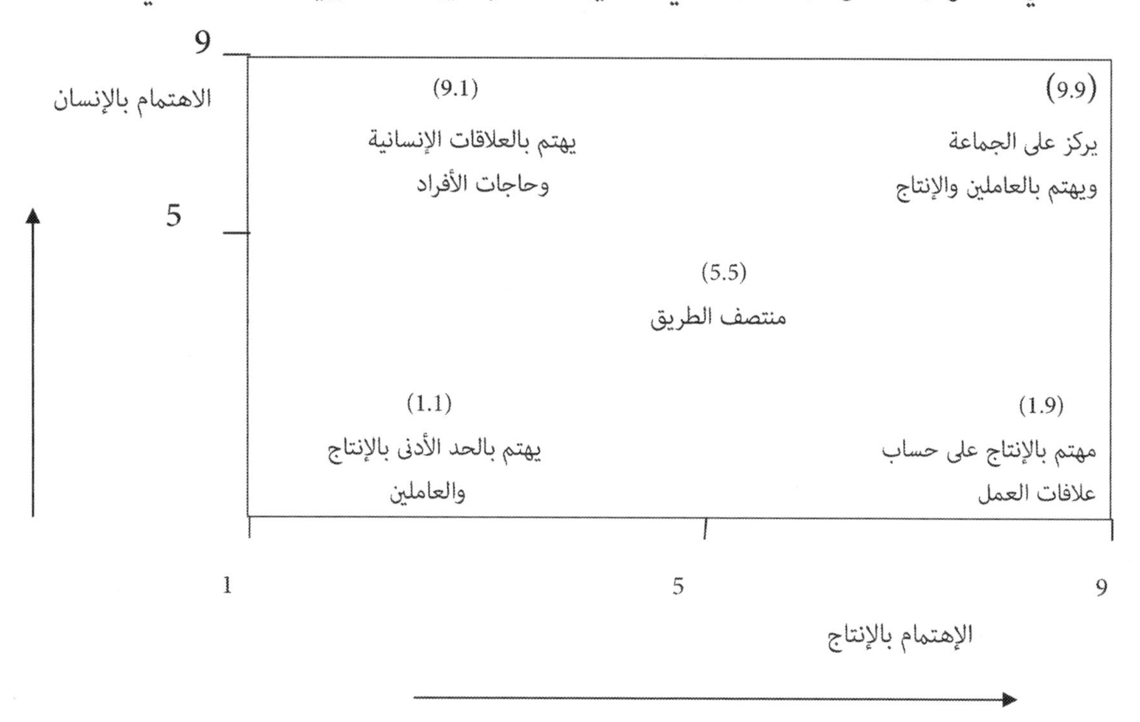

المصدر(Blake Motion P.10)

أما فيما يتعلق انعكاسات نظرية الشبكة الإدارية على العملية التربوية فقد يتخذ مدير المدرسة أنماطاً متعددة كما يلي:-

1- القائد المنسحب/ألتسيبي (1,1) (Impoverished):

النمط الأول في قيادة مدير المدرسة، يتصف المدير بعدم اهتمامه بالمعلمين والاداريين وعدم اهتمام كذلك بتحصيل الطلاب الدراسي، وعدم اهتمام بتطوير المدرسة من حيث تطوير إدارة المعلمين وكذلك من حيث رفع نسبة تحصيل الطلبة والاهتمام بهم ويمكن تسميته بالقائد النسيبي أو المنسحب.

2- القائد المهتم بالإنتاج (1,9) (Task Manager) :

وهنا يتصف مدير المدرسة باهتمام عال بتحصيل وأداء المعلمين وانعكاساته على مدى تقدم الطلبة نحو الافضل من حيث تحصيلهم الدراسي، ويهتم باستراتيجيات التدريس والتقويم التي يؤديها المعلمون من أجل تطوير مستوى اداء الطلبة الاكاديمي والتحصيلي في الدراسة. وفي هذا النمط لا يهتم مدير المدرسة بالعلاقات الانسانية مع المعلمين بل ينصب تركيزه على الأداء وعلى التحصيل الدراسي.

3- القائد الاجتماعي (رئيس النادي) (9,1):

يكون تركيز مدير المدرسة في قيادته على العلاقات الانسانية مع المعلمين واهتمامه بحاجاتهم، ويكون لديه ثقة عالية بهم ويسمح لهم بالمشاركة في اتخاذ القرارات ولكن لا يعطي أي اهتمام يذكر بمدى تقدم الطلبة من حيث تحصيلهم الدراسي.

4- القائد الوسط (5,5):

ويسمى هذا النمط بمنتصف الطريق حيث يتصف هذا النمط باهتمام متوسط من مدير المدرسة باداء المعلمين وإنتاجهم وما يقدمون من إنجازات من أجل تطوير وتقدم مستوى الطلبة وكذلك اهتمام متوسط في العلاقات مع زملائه المعلمين، ولكن في هذا النوع قد يقوم مدير المدرسة بالاهتمام بطرف واحد اذا ما واجهته أية مشكله او أزمة فقد يضحي بأحد البعدين لصالح الآخر.

5- القائد المثالي (9,9):

ويسمى هذا النمط بقائد الفريق، حيث يتصف مدير المدرسة باهتمام عال بالمعلمين والعلاقات الإنسانية معهم وتلمس احتياجاتهم ومشاركتهم في اتخاذ القرارات، وثقة عالية بهم واحترام كذلك اهتمام عال بسلوك المعلمين وأدائهم وإنتاجهم وإتباعهم أساليب واستراتيجيات حديثة ومتطورة وفعالة في التدريس من اجل تطوير وتحسين اداء الطلبة وتقدم مستوى تحصيلهم الدراسية.

وتؤكد هذه النظرية على أهمية التطوير والتدريب للعاملين ووضع برامج تدريبية للقادة للوصول إلى النمط القيادي المثالي (9,9).

ونلاحظ بأن هناك اهتمام عال في وزارة التربية والتعليم في الاردن بتطوير المعلمين من خلال عقد دورات تدريبية متنوعة في استراتيجيات التدريب واستراتيجيات التقويم والأدوات المتنوعة كذلك ومواكبة كل جديد من أجل النهوض بالمستوى التعليمي بالأردن وكذلك استمرار قيام وزارة التربية والتعليم بتطوير المناهج بما ينسجم من مستوى أعمار الطلبة وتفكيرهم وإيجاد حوافز تشجيعية مادية ومعنوية للمعلمين من خلال إيجاد رتب للمعلمين والإداريين وتتدرج من رتبة معلم أو إداري إلى رتبة معلم أول أو ادر أول والانتقال إلى رتبة معلم خبير أو إداري خبير وكذلك برامج أخرى تشجع المعلمين للارتقاء بمهنة التعلم كجائزة الملكة رانيا العبد الله للمعلم المتميز حيث تتيح هذه الجائزة لجميع المعلمين المشاركة في هذه الجائزة حسب رغباتهم والمنافسة فيما بينهم وتقديم كل ما هو جديد في العمل التربوي الميداني، وبما أن المعلم له الدور الرئيسي في نقل المعرفة والسلوك للطلبة ويعتبر قائداً تربوياً حيث يقوم بإدارة الصف وقيادته لذلك يستلزم على المعلم كقيادي تربوي الإلمام بالبرامج التدريبية والاطلاع على الأساليب القيادية المتنوعة ويستلزم علينا كإدارة مركزية تطويرة وإعداده لإدارة الصف وقيادته من خلال عقد دورات تدريبية للمعلمين بكيفية إدارة وقيادة الصف ولكن بشرط أن تكون هذه البرامج ذات جدوى وهدف، وبأن يصمم هذا البرنامج وفق الاحتياجات الفعلية وضمن تنفيذ أبحاث ودراسات تتلمس حاجات المعلمين والإداريين لهذه البرامج وأن

تتولد لدى المتدربين الرغبة في المشاركة ويجب تجنب أن تكون هذه البرامج عديمة الجدوى وتشعر المشاركين بالملل والإرهاق وأنها مكررة، وأن تكون لدى القيادات الإدارية قناعات بأهمية المشاركة في برامج القادة الإداريين وإعداد المعلم لقيادة الصف بشكل فعال.

المراجع العربية والإنجليزية

المراجع العربية:

1. إسماعيل، خميس، 1971، القيادة الإدارية، دار النهضة للطباعة، القاهرة.
2. الاغبري، عبد الصمد (2000)، الإدارة المدرسية، دار النهضة العربية ص 150-151.
3. آل علي، رضا الصاحب، والموسوي، سنان كاظم، (2001) وظائف المنظمة المعاصرة: نظرة بانورامية عامة، ط1، مؤسسة الوراق للنشر والتوزيع، عمان.
4. أنغام، محمد، 1974، مستقبل التعليم في الوطن العربي، التربية الحديثة، العام الثالث.
5. ألبدري، طارق عبد الحميد، (2001)، الأساليب القيادية والإدارية في المؤسسات التعليمية، الطبعة الأولى، دار الفكر للطباعة والنشر والتوزيع، عمان، الأردن.
6. البدري، طارق عبد الحميد، (2002)، أساسيات في علم إدارة القيادة، الطبعة الأولى، دار الفكر للطباعة والنشر والتوزيع، عمان، الأردن.
7. ألبدري، طارق عبد المجيد (2002)، أساسيات في علم إدارة القيادة، دار الفكر للطباعة والنشر والتوزيع، عمان، الأردن، الطبعة الأولى.
8. البدري، طارق، 2001، الأساليب القيادية والإدارية في المؤسسات التعليمية، دار الفكر للطباعة والنشر والتوزيع، الطبعة الأولى ، عمان.
9. بستان، أحمد، طه، حسن، (1989) مدخل إلى الإدارة التربوية. ط2، دار القلم، الكويت، ص47.
10. البكري، سونيا (1997) ، نظم المعلومات الإدارية، مكتبة الإشعاع للطباعة والنشر والتوزيع، الإسكندرية، مصر.
11. البكري، سونيا، (1985)، نظم المعلومات الإدارية، المكتب العربي الحديث، الإسكندرية.
12. البكري، سونيا، (1997)، نظم المعلومات الإدارية، مكتبة الإشعاع للطباعة والنشر والتوزيع، الإسكندرية، مصر.
13. بله، فكثور، النهار، تيسير، (1991)، كيفية إنشاء نظم إدارة المعلومات التربوية، الطبعة الثانية، المركز الوطني للبحث والتطوير التربوي، عمان:ص63.
14. توفيق، عبد الرحمن(1996) العملية التدريبية، مركز الخبرات المهنية للإدارة. القاهرة، مصر.

15. الثبيتي، حويبر، (1996)، أزمة القيادة التربوية المدرسية المعاصرة، (أسبابها، أبعادها، واستراتيجياتها، وأساليب تفاديها)، مجلة جامعة أم القرى، السنة العاشرة، العدد الرابع عشر،ص 326.
16. الجرايدة، محمد سليمان.(2001). "درجة إسهام المعلومات في اتخاذ القرارات التربوية من وجهة نظر مديري التربية والتعليم ومساعديهم في المملكة الأردنية الهاشمية"، رسالة ماجستير غير منشورة، جامعة آل البيت، المفرق.
17. جميعان، ميخائيل، (1969)، أسس الإدارة العامة،مطبعة العمال التعاونية، عمان، الأردن.
18. الجيوسي، محمد رسلان، جاد الله، جميلة، الإدارة عملية وتطبيق (2001)، دار المسيرة للنشر والتوزيع والطباعة، عمان، الأردن.
19. الجيوسي، محمد، جاد الله، جميلة، 2001، الإدارة علم وتطبيق، دار المسيرة للنشر والتوزيع والطباعة، عمان، الأردن.
20. حريم، حسنين، (1997)، السلوك التنظيمي/ سلوك الإفراد في المنظمات، دار زهران للنشر والتوزيع، الأردن.
21. حريم، حسين، (1997)، السلوك التنظيمي، سلوك الأفراد في المنظمات، دار زهران للنشر والتوزيع، عمان، 257-292.

22. حريم، حسين، وحداد، شفيق، وكلالدة، ظاهر، وسويدان، نظام وجوده، محفوظ (1998)، أساسيات الإدارة، دار الحامد، عمان: الأردن.
23. الحسين، أحمد مصطفى، (1994) تحليل السياسات: مدخل جديد للتخطيط في الأنظمة الحكومية، الطبعة الأولى، جمعية الاجتماعية، الشارقة، الإمارات العربية المتحدة.
24. حطاب، حسن، وميسر، سوسن، (1992) بناء برنامج تدريب لمديري المدارس، الثانوية في ضوء حاجاتهم من التدريب، مكتبة الفنون للطباعة:بغداد .
25. الحيالي، سعدون رشيد، (1997) التخطيط لبرنامج تدريبي للإدارات العليا في الجامعة في ضوء الكفايات القيادية المطلوبة، أطروحة دكتوراه غير منشورة(بغداد: الجامعة المستنصرية).

26. الخطيب، احمد، االعنزي، عبد الله (2008)، تصميم البرامج التدريبية للقيادات التربوية، عالم الكتب الحديث، جدارا للكتاب العالمي للنشر والتوزيع، عمان، الأردن.
27. الخطيب، أحمد، والخطيب، رداح، (1986)، اتجاهات حديثة في التدريب، مطابع الفرزدق التجارية، الرياض.
28. الخطيب، أحمد، والخطيب، رداح، (2001)، التدريب، المدخلات، العمليات، المخرجات، مؤسسة حمادة، اربد الأردن.
29. دراسات في الإدارة التربوية، دار وائل للنشر، الطبعة الأولى، عمان، الأردن.
30. درة/ عبد الباري، (1991)" الأساليب التدريبية"، رسالة المعلم، المجلد الثاني والثلاثون العدوان الأول والثاني (1991)، ص ص. 13-20 .
31. درة، عبد الباري، (1991)"تقييم البرامج التدريبية في ضوء المنحى المبني على نظرية النظم" رسالة المعلم، المجلد الثاني والثلاثون، العدوان الأول والثاني.
32. درة، عبد الباري، (1991)، " تحديد الاحتياجات التدريبية"، رسالة المعلم، المجلد الثاني والثلاثون، العدوان الأول والثاني، ص ص 22-37.
33. درة، عبد الباري، والمرهون، موسى، والجز راوي، علي (1994) ، الإدارة الحديثة المفاهيم والعمليات، منهج علمي تحليلي، ط1، المركز العربي للخدمات الطلابية، عمان، الأردن.
34. درة، عبد الباري، والمرهون، موسى، والجز راوي، علي.(1994) الإدارة الحديثة: المفاهيم والعمليات، منهج علمي تحليلي، ط 1 المركز العربي للخدمات الطلابية، عمان: الأردن.
35. الدويك، تيسير، (1985)، التدريب التربوي، مقوماته، وآفاقه، المركز الإقليمي لتدريب القيادات التربوية في البلاد العربية، عمان، الأردن ، جمعية عمال المطابع التعاونية، عمان، الأردن.
36. ديباجة، فريال أمين، (1994)" دراسة تقويمية لبرنامج تدريب مديري المدارس ثناء الخدمة بوزارة التربية والتعليم في محافظة اربد وجرش"،رسالة ماجستير، جامعة اليرموك، اربد الأردن.
37. ديوان الخدمة المدنية، الأردن، نظام الخدمة المدنية، عمان، 1998، ص69.
38. الزعبي، فايز، عبيدات، محمد، (1997) أساليب الإدارة الحديثة، دار المستقبل للنشر والتوزيع، عمان:ص15.

39. الزعبي، فايز، عبيدات، محمد (1997)، أساسيات الإدارة الحديثة، دار المستقبل للنشر والتوزيع، عمان، الأردن.
40. الزعبي، فايز، عبيدات، محمد إبراهيم (1997)، أساسيات الإدارة الحديثة، المستقبل للنشر والتوزيع، عمان، الأردن.
41. الزعبي، فايز، عبيدات، محمد، (1997)، أساسيات الإدارة الحديثة، دار المستقبل للنشر
42. والتوزيع، عمان، الأردن، الطبعة الأولى.
43. زويلف، مهدي (1988)، تخطيط القوى بين النظرية والتطبيق، دار الرسالة للطباعة، بغداد، العراق.
44. زويلف، مهدي حسن(1993) إدارة الأفراد في منظور كمي والعلاقات الإنسانية، دار مجدلاوي للنشر والتوزيع، عمان، الأردن.
45. الزيادي، عادل رمضان، (1992)، تدريب الموارد البشرية، مكتبة عين شمس، القاهرة.
46. ستراك، رياض، الخربشة، عمر (2004)، "بناء برنامج تدريبي لتطوير عملية الاتصال الإداري للعاملين في الجامعات الأردنية الرسمية في ضوء كفاياتهم الإدارية".
47. الشامي، أحمد محمد(1988) المعجم الموسوعي لمصطلحات المكتبات والمعلومات، دار المريح للنشر، الرياض: ص569.
48. الشامي، احمد محمد، (1988)، المعجم الموسوعي لمصطلحات المكتبات والمعلومات، دار المريخ للنشر، الرياض.
49. الشيخ سالم، فؤاد وآخرون ، (1989)، المفاهيم الإدارية الحديثة، دار المستقبل للنشر والتوزيع.
50. صادق، هدى أحمد، (1993)" تحديد الاحتياجات التدريبية في القطاع الحكومي" المجلة العربية للتدريب، المجلد(5)، العدد(10).
51. صالح، محمد فالح، (1997)، إدارة شؤون الأفراد. عرض وتحليل، المكتبة الوطنية، عمان، الأردن.
52. الطائي، محمد (1988) نظم المعلومات الإدارية، ط1 المكتبة الوطنية، بغداد ص142.
53. طرخان، عبد المنعم أحمد (1993) "أثر برنامج تدريب المدربين أثناء الخدمة في مدارس وكالة الغوث في الأردن على تطوير البنى المفاهيمية الإدارية والإشرافية لديهم"، رسالة ماجستير غير منشورة، عمان: الجامعة الأردنية.

54. الطعاني، حسن أحمد، (2002) التدريب مفهومه وفعالياته، بناء البرامج التدريبية وتقويمها، دار الشروق للنشر والتوزيع، عمان، الأردن.
55. الطويل، هاني عبد الرحمن.(1986), الإدارة التربوية والسلوك التنظيمي، سلوك الأفراد والجماعات في التنظيم، شعير وعكشة، عمان، الأردن.
56. الطويل، هاني عبد الرحمن، (1990)، الإدارة التربوية والسلوك التنظيمي، الجامعة الأردنية، مطبعة التوفيق، عمان، الأردن.
57. عبد الرحمن، هاني (1975)، دور النظرية في الإدارة التربوية، الجامعة الأردنية، عمان.
58. عبد الهادي، محمد فتحي، وأبو عزة، عبد المجيد،(1994) المعلومات، دورها في اتخاذ القرارات وإدارة الأزمات، المجلة العربية للمعلومات، المجلد الخامس عشر، العدد الثاني، تونس.
59. عبد الهادي، محمد فتحي، بوعزة، عبد المجيد (1994)، المعلومات ودورها في اتخاذ القرارات وإدارة الأزمات، المجلة العربية للمعلومات، المجلد الخامس عشر، العدد الثاني، تونس.
60. عريفج، سامي (2001)، الإدارة التربوية المعاصرة، ط1، دار الفكر للطباعة والنشر والتوزيع، عمان.
61. عريفج، سامي، (2001)، الإدارة التربوية المعاصرة، دار الفكر للطباعة والنشر والتوزيع، عمان، الأردن، الطبعة الأولى.
62. عسكر، هلال محمد، (1994)، نحو إدارة أفضل، مرام للطباعة والنشر، الرياض طبعة أولى.
63. عليمات، محمد عليان، (1991)، الاتجاهات الحديثة في التعليم والتدريب والإدارة، دار الخواجات للنشر والتوزيع، عمان، الأردن.
64. العيساوي، كريم ناصر علي،(1997) "برنامج تدريبي مقترح للمشرفين التربويين في ضوء كفاياتهم اللازمة"، أطروحة دكتوراه غير منشورة التركيبة/ الجامعة المستنصرية، بغداد.
65. غنايم، عمرو، والشرقاوي، علي.(1982).تنظيم إدارة الأعمال. طه، دار النهضة الوطنية، بيروت: ص107.
66. الفارس، سليمان خليل، (1982)، إدارة الأفراد، مطبعة الإنشاء، دمشق.

67. الفضلى، فضل صباح،(1995)"مراحل العملية التدريبية كمدخل لتقييم فعالية برامج التدريب والتنمية الإدارية" الإدارة العامة، المجلد الرابع والثلاثون، العدد الرابع، مارس ص ص637-669.

68. القريوتي، محمد قاسم، (1990)، إدارة الأفراد: "المرشد العملي في تطبيق الأساليب العملية في إدارة شؤون العاملين في القطاعين العام والخاص" ، المؤسسة العربية للدراسات والنشر، عمان.

69. مؤتمن، مني (2002)، إعادة اختراع القيادة، رسالة المعلم، المجلد 41 العدد2، تموز2002.

70. مركز التدريب التربوي، التدريب، والتأهيل والإشراف التربوي واقع وتطلق رسالة المعلم، المجلد الخامس والثلاثون، العدد الثاني، حزيران (1994) ، ص114.

71. المقابلة، محمد قاسم(2004)، نظم المعلومات الإدارية وعلاقتها بوظائف العملية الإدارية وتطبيقاتها التربوية، عالم الكتب الحديثة، اربد، الأردن.

72. ملكاوي، فتحي، (1987) أنماط وأساليب تدريب المعلمين ودور مديري المعلمين في ذلك، رسالة المعلم، المجلد الثامن والعشرون، العدد الأول، ص ص 19-30.

73. مليكا، لويس، بدون تاريخ، سيكولوجيه الجماعات والقيادة، مكتبة الانجلو المصرية، القاهرة.

74. المنصور، أحمد علي، (1999) بناء برنامج تدريبي لرؤساء الأقسام العلمية في كليات الجامعات اليمنية في ضوء كفاياتهم الإدارية، أطروحة دكتوراه غير منشورة(بغداد، جامعة بغداد).

75. موسى، عبد الحكيم، (1997) التدريب أثناء الخدمة.

76. نشوان، يعقوب، نشوان جميل، (2004)، السلوك التنظيمي في الإدارة والإشراف التربوي، دار الفرقان للنشر والتوزيع، عمان، الأردن، الطبعة الثانية.

77. نشوان، يعقوب، نشوان جميل، السلوك التنظيمي في الإدارة والإشراف التربوي، دار الفرقان للنشر والتوزيع، الطبعة الثالثة.

78. نصار، عاطف (1989) (التدريب والتكنولوجيا والمستقبل) ورقة عمل مقدمة الى المؤتمر الثالث للتدريب والتنمية الإدارية المنعقد في القاهرة المركز العربي للتطوير الإداري.

79. النهار، تيسير وآخرون، " دراسة تقويمية لبرنامج تدريب المعلمين إثناء الخدمة" المركز الوطني للبحث والتطوير التربوي، 1992.

80. النوري، عبد الغني، (1991) اتجاهات جديدة في الإدارة التعليمية في البلاد العربية دار الثقافة، الدوحة.
81. النوري، عبد الغني، (1991)، اتجاهات جديدة في الإدارة التعليمية في البلاد العربية، دار الثقافة، الدوحة.
82. إلهيتي، خالد عبد الرحيم، (1999) إدارة الموارد البشرية مدخل استراتيجي، الطبعة الأولى، الحامد:اليمن.
83. الوحش، محمد جمعة (1993) "تدريب المعلمين وتأهيلهم في الأردن"، رسالة المعلم، المجلد الرابع والثلاثون، العدد بين الثاني والثالث، أيلول، ص ص 162-163.
84. وزارة التربية والتعليم، الأردن مديرية التدريب التربوي، مراحل تدريب وإعداد المتدربين (1999)، ص 1.
85. وزارة التربية والتعليم، الأردن، مديرية التدريب التربوي، خطة التدريب للعام الدراسي (98/97)، عمان، ص ص-2001.
86. وزارة التربية والتعليم، المملكة الأردنية الهاشمية، جداول توزيع المتدربين حسب المبحث والمديرية، مركز التدريب التربوي، عمان، 1999.
87. وزارة التــربية والتعليــم، المملكة الأردنية الهاشمية، مديرية التدريب التربوي، 1998، ص 2.
88. وزارة التربية والتعليم، مركز التدريب التربوية 1994،ص 116.
89. ياغي، عبد الفتاح، (1988) اتخاذ القرارات التنظيمية، مطابع الفرزدق، الرياض 174.
90. ياغي، عبد الفتاح، (1988)، اتخاذ القرارات التنظيمية، مطابع الفرزدق، الرياض.
91. ياغي، محمد عبد الفتاح،(1986)، التدريب الإداري بين النظرية والتطبيق، عمادة شؤون المكتبات، المملكة العربية السعودية.
92. الخطيب،أحمدا لخطيب،رداح(1986). التدريب الفعال،علم الكتب الحديث للنشر والتوزيع اربد ،الأردن.
93. توفيق،عبد الرحمن (2000). الأساليب التدريبية وأسس اختيار المدربين،المؤتمر التربوي التاسع والعشرون (التعليم... المستقبل). الكويت،جمعية المعلمين الكويتية.
94. العبد الكريم راشد بن حسين(2009). التدريب، أسسه ومهاراته،مركز التطوير الدولي للاستشارات التربوية والتعليمية المملكة العربية السعودية.الرياض.

95. السكارنه، بلال خلف.(2009). التدريب الإداري،دار وائل للنشر والتوزيع،الطبعة الأولى ،عمان،الأردن.

96. توفيق،عبد الرحمن(2007).المدربون الناجحون ماذا يفعلون،مركز الخبرات المهنية للإدارة-بمبك، القاهرة.

97. الصيرفي، محمد عبد الفتاح(2009). التدريب الإداري،المدربون والمتدربون وأساليب التدريب،دار المناهج للنشر والتوزيع نعمان ،الأردن.

98. توفيق،عبد الرحمن(1994) التدريب:الأصول والمبادئ العلمية(موسوعة التدريب والتنمية البشرية) مركز الخبرات المهنية للإدارة -بمبك،القاهرة.

99. حسنين،حسين محمد (2001) أدوات تحديد الاحتياجات التدريبية لسلسلة كتب المدرب الفعال،دار مجدلاوي للنشر والتوزيع ،عمان ،الأردن.

100. ثورن،كاى،مكاى، ديفيد(2008). كل ما تحتاج معرفته عن التدريب،الطبعة الأولى. مكتبة جرير للنشر والتوزيع،المركز الرئيسي،المملكة العربية السعودية.

101. العزاوي،نجم(2009).جودة التدريب الإداري ومتطلبات المواصفة الدولية،الايزو 10015 .دار اليازوري العلمية للنشر والتوزيع ،عمان الأردن.

102. توفيق ، عبد الرحمن (1994) .التدريب:الأصول والمبادئ العلمية.(موسوعة التدريب والتنمية البشرية) ج1، مركز الخبرات المهنية للإدارة -بمبك، القاهرة، مصر العربية.

103. برود، ماري،إل ونيستروم، جون دبليو(1997). تحويل التدريب : استراتيجيات نقل أثر التدريب إلى حيز التطبيق . عبد الفتاح السيد: مترجم، ط2، مركز الخبرات المهنية للإدارة (بمبك)، القاهرة، جمهورية مصر العربية.

104. راشد، علي.(2003). خصائص المعلم العصري وأدواره- الإشراف عليه-تدريبه، دار الفكر العربي للطباعة والنشر، القاهرة، مصر العربية.

المراجع الأجنبية

1.David. King.(1968) Training within the organization; A study of company policy and procedures for the systematic Training of Operators and supervisor, .Tavistock publication, London, Ltd

2.Engene, Carven, (1998), Evaluation program performance in improving .Acadimic Management, ed Paul Jedamms, Marvin W Sanfransisco

3.Goodl Carter V , (1973) Dictionary of Education (New York) Mc. Graw Hill Book, Inc

4. ,(Milan, Joseph, (1989)

5.E.Mark, Hanson, Educational Administration and organizational Behavior

6.Stephen, P. Robbins, (1976), The administrative process intedrating theory .and practice, Engglewood Gliffs. N. J. prentice- Hall, pp. 16- 22

7.Stephen P Robbins. (1976) The Administrative Process Integrating Theory . And Practice, Englewood Cloffs. N.J.Prentic-Hall, Pp.16-22

8.Anthony, William, Perrw, k. Michele, (1999) tihman Resources Management .Harcourt Brace & company, pp.125-126

9.Hicks, Jr. James, O. (1995). Management Information system a User .perspective. Op. cit pp. 67-68

10.John R. schermerhon, James Hunt and Richard Osborn (1991) Managing Organizational Behavior

and Luthans, op. cit. pp.465-466 (1991) thed (John Wiley and sums, In4

11.Robert Blake and Jone Mouton (1964). The Managerial Grid (Houston Gulf .publishing, P.10

12.Lee Bolman, Terrnce Deal, (1994), Looking for Leadership: Anther search .party's Reprt , EducationalAdministration Quarterly. P.78

13.Ralph Stogdill, (1974), Handbook of leadership,(New York: The Free press), .p.p. 7- 16

14.Charol Shake Shaft: (1993) Woman in Educational Management in the united states, in women in Educational Management, ed. Janet Ouston (New .York: Longman). P. 48

15.Andrew Halpin, (1966), Theory and Research in Administration (New York: .Macmillan), P. 86